KB130294

오늘부터 뉴욕으로 퇴근합니다

오늘부터 뉴욕으로 퇴근합니다

new york

놀면서
일하는
디지털
노마드의
모든 것

이은지 · 황고운 지음

청림출판

한 그루의 나무가 모여 푸른 숲을 이루듯이
청림의 책들은 삶을 풍요롭게 합니다.

들어가며

디지털 노마드의 삶에서 얻을 수 있는 것들

나는 지금껏 34개의 직업을 거쳤는데, 한번은 오프라인 행사를 주최한 적이 있다. 준비 과정에서 운영 자금이 부족해 난생처음 투자 제안서를 쓰느라 고생도 많았지만 엄청난 '노오력'으로 행사를 성공시킬 수 있었다. 천 명의 사람들로 꽉 찬 무대를 보며 가슴이 벅차올랐지만, 무대 위 조명이 꺼지자 말로 표현할 길 없는 허무함이 몰아쳤다.

나도 언젠가 무대 위 주인공이 될 수 있을까?

그 후 7년 뒤 '뉴욕 한 달 살기'라는 나의 꿈을 꺼내며 나는 남이 아닌 나를 위한 투자 제안서를 쓸 수 있게 되었다. 매력적인 프로젝트를 기획하고, 투자자의 마음을 사로잡을 방법을 생각하느라 밤새 치열하게 고민했지만 이 모든 과정이 너무 즐거웠다. 오로지 내 안에서 출발한, 나를 위한 시간이었기 때문이다.

그렇게 나와 고운이는 천만 원이 넘는 돈을 투자 받아 뉴욕으로 떠났다. 우리는 뉴욕의 새로운 공간들을 방문하여 비즈니스 인사이트를 찾아내는 임무를 맡았다. 자유로운 여행자 신분은 아니었지만, 우리는 낯선 도시에서 일하며 얻은 영감과 배움을 통해 우리 안의 무한한 가능성을 깨달을 수 있었다. 그리고 퇴근 후에는 공원과 골목, 카페와 재즈바를 돌아다니며 뉴욕을 만끽하기도 했다.

무엇보다 뉴욕 한 달 살기 프로젝트는 내 꿈을 실현하는 영광의 순간을 선사했다. 나는 사람들을 무대에 올리는 것보다 내가 무대의 주인공이 되고 싶었고, 답답한 사무실에 일하기보다 언제든 내가 원하는 곳에서 일할 수 있는 역량을 갖추길 원했다. 이 프로젝트로 그토록 바라왔던 나의 꿈을 뉴욕에서 이루게 된 것이다.

디지털 노마드로 살다보니 다른 깨달음도 얻을 수 있었다. 디지털 노마드의 삶은 단지 시공간의 제약에서 벗어난 자유를 누리는 데 가장 큰 의미가 있는 것이 아니었다. 언제 어디서든 일할 수 있을 정도로 '먹고사니즘'을 스스로가 책임질 자격을 갖추었다는 것, 이를 통해 주도적으로 내 삶을 디자인해나가는 주체성을 확보했다는 것에 더 큰 의미가 있다.

원한다면 누구나 디지털 노마드가 될 수 있고, 자신이 꿈꾸는 모습에 도달할 수 있다. 현재를 열심히 살아낸다면 간절히 바라던 모습에 도달하는 영광의 순간을 누구나 맛볼 수 있다는 사실을 이 책을 통해 많은 사람에게 꼭 전하고 싶었다.

해외여행이 쉽지 않은 시기에 뉴욕에서의 이야기를 꺼낸다는 것이 조금은 조심스럽다. 이 책이 여러분에게 여행의 설렘과 꿈을 향한 간절함, 그리고 간절한 꿈을 이루었을 때의 기쁨과 환희를 전할 수 있기를 바란다.

차례

new
york

4장 뉴욕에서 만난 사람들

new
york

ONE WAY

1장

new york

디지털
노마드,
뉴욕
가다!

여행은 의지가 아니라 결제의 문제

황고운

2018년 1월 새벽, 연인에게 이별을 통보받고 집에서 넋을 놓고 울고 있을 때, 한 통의 전화가 걸려왔다. 은 사장이었다. 전화를 받자 그녀도 나처럼 엉엉 울고 있었다. 그동안 사업만 하다가 야심 차게 들어간 첫 회사에서 총알같이 퇴사한 것이다. 기가 막힌 타이밍이었다. 조금 다른 형태였지만, 우린 각자 마주한 이별의 고통으로 한동안 정신을 차릴 수 없었다. 퉁퉁 부은 얼굴로는 외출조차 할 수 없어 전화기만 붙잡고 서로를 위로하는 날들이 이어졌다. 그런 나에게 은 사장이 덜컥 미끼를 던졌다.

“우리 그냥 확 뉴욕 가버릴까?”

몇 년 전부터 그렇게 뉴욕, 뉴욕 노래를 부르더니, 정말 가자고? 은 사장은 무엇이든 말을 꺼내면 언젠가, 기필코 꼭 해버리는 사람이다. 그런 그녀를 알고 있기에, 나는 은 사장이 툭툭 뱉어내는 모든 말에 한결같이 이렇게 답했다.

“그럴까요…?”

그러다 보면 한 달 후든, 1년 후든 결국에는 그 일을 해낸 서로와 만나게 되었다. 하지만 뉴욕은 너무 갑작스럽잖아? 게다가 작년 제주도의 기억을 떠올리자니 두려움이 먼저 몰려온다.

나에게 제주도는 그다지 좋은 기억이 아니다. 그곳은 우리가 디지털 노마드로서 처음 떠난 여행지였다. 그리고 그곳에 도착한 첫날, 술에 잔뜩 취한 나는 이런 말을 영상으로 남겼다.

“제주에 있는 동안 내가 앞으로 뭘 하고 싶은지, 뭐로 먹고살 수 있는지, 바다를 보다가 문득 떠올릴 수도 있으니…. 그게 참 낭만적이라고 생각해요.”

Organizing
Sarah
sarahwstrader100@
203 722 2510
Newyork
ANGEL Cleanin
Apartment
House
Restaurant
Office
Garage, Back Yard.
Basement

Dialogue Project
Add your voice.
Nodira Isamiddinova
Co-founder & Administrator
FB: @lingualablic
(646) 659-3672
info@lingualabschool.com
HEAVEN'S BEST CARPET CLEANING
FAST DRYING! 718-669-5361
BRUCE WEINRIB
UPHOLSTERY CLEANING
ULTRASONIC BLIND CLEANING
HEAVEN'S BEST CARPET CLEANING
FAST DRYING! 718-669-5361
BRUCE WEINRIB
UPHOLSTERY CLEANING
ULTRASONIC BLIND CLEANING

그러나 첫날의 바람은 처절하게 배신당했다. 그곳에서 한 달 살기를 하는 동안 가만히 바다를 바라보며 낭만을 느낀 날이 단 하루라도 있었나? 롱패딩을 입어도 덜덜 떠는 날이 많을 정도로 날씨는 최악이었고, 호텔·자동차·액티비티까지 닥치는 대로 후원을 받은 덕분에 단 한순간도 카메라를 놓을 수 없었다.

제일 힘들었던 건 한 달 동안 매일 옮겨 다닌 숙소였다. 우리는 숙박 어플에서 한 달간의 숙소를 제공받는 대가로 30개의 호텔 콘텐츠를 만들어야 했다. 매일 체크인, 체크아웃 시간에 맞춰 일정을 짰고, 숙소에 들어가면 옷도 갈아입지 못한 채 내부를 촬영해야 했다. 매일 아침 늦잠도 못 자고 조식을 찍으러 가는 일도 괴로웠다. 은 사장의 딸 태은이까지 합류하자 더 심란한 고행의 시간이 시작되었다. 은 사장은 태은이를 돌보면서 운전까지 하느라 정신이 없었고, 나 또한 둘이 함께하던 콘텐츠 수집을 혼자 도맡아 하느라 머리가 지끈거렸다.

제주도에는 고작 한 달 남짓 머물렀는데, 서울에 돌아와서는 무려 세 달 동안 그곳의 잔해를 치워야 했다. 여행하며 자유롭게 일하는 디지털 노마드에 대한 낭만과 여유는 같잖은 환상처럼 사라졌다. 제주도에 다녀온 후, 우리 인생에 디지털 노마드는 다신 없을 거라고 생각했다.

그런데 뉴욕을? 그것도 한 달씩이나?

하지만 판단력이 흐려진 여자 둘이 만나니 계획은 일사천리로 추진되고 있었다. 곧장 항공권 가격을 비교하고, 정신을 차렸을 때는 이미 결제 버튼을 누른 후였다. 비상용으로 모아두었던 돈을 탈탈 털어 비행기 표를 끊자, 출국까지 남은 4개월이 막막해졌다.

돈도, 여행을 떠나야 하는 명분도 없었다. 거창한 목표까지는 아니더라도 그럴싸한 이유 정도는 필요했다. 특히 가정이 있는 은 사장은 더더욱 그랬다. 이번에는 태은이를 데려갈 수도 없으니, 남편에게 독박육아를 부탁하려면 뭔가 목적을 만들어야 했다. 나 또한 생계비를 허공에 날렸다는 생각에서 벗어나려면 무언가 이유가 필요했다. 그 후로 우리는 매일같이 머리를 싸매고 '여행의 목적'을 찾아 헤맸다.

이제 와 하는 말이지만 사실은… 그냥 놀고 싶었고, 뉴욕에 가고 싶었다.

우리만의 스펙터클한 여행 경비 버는 방법

이은지

'뉴욕에서 천만 원을 마음껏 탕진하고 오겠어!'

페이스북에 항공권을 끊었다고 올리며 신이 나서 설레발을 쳤다. 그런데 부러움이 넘쳐날 것이라는 예상과는 달리 천만 원으로는 어림도 없다는 걱정 섞인 댓글만 수두룩하게 달렸다. 갑자기 불안감이 밀려왔다. 천만 원 모으기도 힘들었는데, 설마 출발 전에 강의를 미친 듯이 뛰거나 다른 일을 받아서 돈을 더 벌어야 하는 걸까? 하지만 출발까지 채 두 달도 남지 않은 시점에 아무리 고민해도 딱 맞게 마무리할 수 있는 일을 찾기란 쉽지 않았다.

그러던 중 SNS로 알고 지내던 지인에게 연락이 왔다. 부동산 플랫폼 서비스를 운영 중인 대표님이 우리의 뉴욕 프로젝트를 궁금해한다는 것이다. 그 말을 듣고 곧바로 약속을 잡아 한달음에 달려갔다. 대표님은 제주도 한 달 살기부터 쭉 우리를 지켜봤고, 이후의 뉴욕 프로젝트는 어떻게 진행할지에 대해 큰 관심을 보였다.

하지만 우리는 아무런 일정도, 계획도, 심지어 여행 경비조차 없는 상황. 이렇게 된 이상 정면승부를 할 수밖에! 대표님께 솔직하게 아직 아무런 준비가 되어 있지 않다고 말씀드렸다. 그러자 뜻밖의 대답이 돌아왔다.

"뉴욕은 어디든 감각적인 공간이자 콘텐츠잖아요. 박물관, 미술관, 식당, 그 모든 곳이 부동산 이야기가 될 수 있겠어요. 혹시 흥미로운 아이디어가 떠오른다면 제안해줄래요? 우리가 재미있는 일을 같이 시도해볼 수 있을 것 같아요."

뉴욕을 공간으로 풀어본다니. 단 한 번도 생각해본 적 없는 연결고리였다. 만약 대표님의 제안과 우리 여행의 콘셉트가 맞는다면 다양한 콘텐츠를 만들고 싶은 우리에게 어쩌면 새로운 시도가 될지도 몰랐다. 비즈니스 인사이트에 흥미로운 여행기를 더한, 누구나 만들

수 있는 콘텐츠가 아닌 우리만의 색을 덧입힌 초대형 프로젝트가 될 것 같다는 생각마저 들었다. 10년째 이 바닥에서 굴러온 내 직감으로 보건대, 대표님의 제안은 분명 청신호였다.

그렇게 주체할 수 없을 정도로 들뜬 마음을 안고 집에 돌아와 어떤 제안서를 만들지 피 터지게 고민했다. 결혼 전, 썸남의 마음을 반드시 사로잡을 정도로 전략적인 나인데 뭔들 못하랴? 하지만 막상 노트북 앞에만 앉으면 머리에 쥐가 날 것 같았다. 역시 누군가의 마음을 사로잡는 것은 쉬운 일이 아니구나.

몇 날 며칠 고민한 끝에 대표님에게 전화를 걸었다. 지금 대표님에게 어떤 고민이 있는지, 우리 프로젝트에 기대하는 바가 무엇인지 먼저 대화를 나눠야 했다. 대표님은 부동산이라는 어려운 개념을 대중에게 좀 더 쉽게 전달하고 싶어 했다. 그 일환으로 현재 코워킹 스페이스의 정보를 공유하는 커뮤니티를 운영하고 있었으며, 이곳을 활성화할 양질의 콘텐츠가 필요하다고 했다.

'코워킹 스페이스'는 사무실 월세가 부담스러운 이들에게 저렴하게 공간을 공유하는 신개념 공간 사업으로 특히 스타트업 사이에서 인기가 높았다. 그런데 흥미롭게도 국내에서 가장 유명한 코워킹 스페이스 업체인 위워크의 출발점이 바로 뉴욕이었다. (지금은 여러 이유로 위워크의 인기가 주춤하지만, 그래도 놀라운 사실이다!) 뉴욕에는 이미 수천 개의 코워킹 스페이스가 운영되고 있었고, 수많은 뉴요커가 이용 중이었다. 그 사실을 확인한 순간 머리에 번쩍, 불이 들어왔다. 프로젝트의 열쇠를 찾아낸 것이다. 그때부터 나는 밤을 새며 제안서를 써 내려갔다. 다음의 세 가지를 고민하며 말이다.

첫째, 콘셉트
'의미 있는 경험은 가치 있는 콘텐츠가 된다'

가장 먼저 콘셉트를 한 줄로 표현해야 했다. 수년간 카피를 뽑아 왔지만, 이것만큼 나의 사고 회로를 멈추게 하는 것도 없었다. 긴 고민 끝에 우리는 생각을 멈추고 단순하게 받아들이기로 했다. 어딜 가든, 무엇을 하든, 모든 경험은 콘텐츠로서 매력적이므로 우리가 만나는 모든 것이 콘텐츠가 될 수 있다.

또 하나. 우리는 이전부터 의미 있는 콘텐츠를 원했다. 좋은 콘텐츠를 만들기 위해 엉덩이 무겁게 의자에 앉아 씨름하기보다 직접 보고 듣고 느끼며 이를 누군가에게 영감을 줄 수 있도록 풀어내고 싶었다. 분명 우리의 색다른 경험은 양질의 콘텐츠를 만들어내는 좋은 씨앗이 될 것이다.

둘째, 전달할 수 있는 가치

모든 마케팅이 그렇듯 제품과 서비스의 차별점은 강점이 된다. 무엇을 전달할 수 있는지 고민하기 위해서 우리가 가진 것과 채널의 장점을 파악해야 했다. 우리가 가진 채널(팔로워 4천 명의 페이스북, 이웃 2천 명의 블로그)은 인플루언서라 하기에 수가 그리 많은 편은 아니었다. 하지만 우리의 팔로워 대부분은 마케팅 업계 또는 스타트업 종사자, 인플루언서 등 꽤 영향력 있는 사람들이었다. 그래서 우리는 이 부분을 차별점으로 활용했다. 내 채널과 이웃들의 속성, 그리고 콘텐츠가 노출되었을 때의 기대 효과는 우리가 전달할 수 있는 핵심 가치였다.

셋째, 대표님의 고민에 초점을 맞춘 제안서

한 사람만을 위한 제안서의 핵심은 여기에서 나타나야 했다. 코워킹 스페이스에서 힌트를 얻은 우리는 '뉴욕에서 일하는 사람들의 라이프 스타일'에 초점을 맞췄다. 그들이 일하는 공간뿐 아니라 먹고, 자고, 마시고, 살아가는 그 모든 공간을 콘텐츠로 담는 것이다.

그 중 가장 주요한 내용은 대표님의 사업과 직결되는 '코워킹 스페이스 탐방'이었고, 그 외에 뉴욕의 의미 있는 여러 공간을 둘러보고, 콘텐츠로 활용할 정보를 수집할 계획이었다. 우리가 방문할 장소, 수집할 콘텐츠, 추후 활용 방안 등을 구체적으로 제안서에 담았다. 그리고 그 정보들은 분명 부동산과 관련된 다양한 사업을 진행 중인 대표님에게 영감을 줄 것이라고 강조했다. 또 설득력을 높이기 위해 직접 코워킹 스페이스를 이용하는 사람을 인터뷰한 영상도 만들었다. 그렇게 대표님의 고민을 해결할 방안을 다각도에서 제시한 제안서가 완성되었다.

따뜻한 봄바람이 뺨을 스치는 어느 날, 드디어 프레젠테이션하는 날이 다가왔다. 밤새 연습한 보람도 없이 긴장한 표정이 역력한 채로 속사포 랩을 하듯 발표가 끝났다. 대표님은 듣는 내내 알 수 없는 무표정한 눈빛을 보였고, 나는 속으로 '망했다'고 생각했다. 손과 발이 젖을 정도로 진땀이 났다. 그런데 대표님의 입에서 표정과 전혀 상반된 대답이 나왔다.

"콘셉트, 기획 의도, 방문할 공간 모두 너무 마음에 들어요. 다녀와요. 가서 마음껏 뉴욕을 누리고 오세요. 콘텐츠는 그 후에 만들고,

은사장과 황PD의

New York

솔직히,

뉴욕에 한달

앞으로 뭐 먹고 살거냐.
취업은 어떻게 할거냐.

콘텐츠

가치있는

상품

#01

우리만의
여행 STYLE

#인생한방
#탕진뉴욕

#04

경험을
가치있는 일로
연결하기

#경험을
#팔아보기

그곳에서는 제약 없이 두 분만의 뉴욕을 만들어보세요. 의미 있는 경험이 가치 있는 콘텐츠가 될 거라는 말에 공감합니다.”

믿기지 않았다. 스폰서 계약은 그 자리에서 바로 결정됐고, 우리는 천만 원을 받았다. 대표님은 누구보다 빠르게 계약서를 작성하고, 계약금을 입금해주었다. 지금 쓰고 있는 글로는 도저히 표현되지 않는 벅찬 마음. 집으로 가는 내내 우리는 서로를 쳐다보며 믿기지 않는 표정을 지었다. “우리 스폰받은 거 맞지? 이거 실화지?” 100번도 넘게 물었다. 우리의 말도 안 되는 도전은 이렇게 점점 선명해지고 있었다.

이번 여행만큼은 망치고 싶지 않아요

황고운

D-30. 막상 떠나기로 결정이 났지만, 마냥 설레지만은 않았다. 출발 전까지 준비해야 할 일이 태산이었기 때문이다. 우리는 각자 시간에 쫓기며 필요한 업무를 나눠서 처리했다. 은 사장은 추가로 들어갈 비용을 벌었고, 나는 이번 프로젝트에 필요한 나머지 준비사항들을 처리했다.

후원받은 천만 원은 큰돈이었지만, 그럼에도 더 많은 돈이 필요했다. 아이 엄마인 은 사장은 한 달 동안 아이를 봐줄 사람을 구해야 했다. 나 또한 월세를 비롯한 각종 고정 지출을 미리 마련해야 했다.

은 사장은 한 달 동안 열 곳 넘게 강연을 뛰면서 어느 때보다 치열하게 일했다.

그에 질세라 나는 살인적인 스케줄로 여행 겸 프로젝트를 준비했다. 숙소 예약, 코워킹 스페이스 업체 접촉, 그 외 장소 리스트업, 여행자 보험 가입, 로밍, 비자 발급, 명함 제작, 프로필 촬영, 장비 구매, 인터뷰 촬영 연습, 출간 제안서까지. 도대체 어떻게 견뎠는지도 모를 정도로 바쁜 하루하루가 지나갔다. 그뿐인가? 옷이며 화장품 등 프로젝트 외에 여행에 필요한 개인적인 부분까지 준비할 것들은 넘쳐났다.

무리한 일정 때문이었는지 결국 탈이 났다. 설렘 대신 부담만 늘어나자 서로에게 쌓인 불만이 터져버린 것이다. 은 사장은 매일같이 아이를 맡기고 밤마다 강연장으로 갔고, 그때마다 눈치를 보느라 체력적으로, 정신적으로 지칠 대로 지친 상태였다. 나 역시 혼자 여행 준비를 전담하다 보니 아무것도 진전되는 게 없는 것 같아 답답했다. 정신없이 허덕이던 우리는 결국 감정이 상했고, 떠나기 2주 전 그간 쌓인 서러움을 토해냈다.

이런 문제는 정면으로 부딪힐 수밖에 없다. 어떻게든 함께 잘 헤쳐나가 마무리를 지을 것인지, 이대로 프로젝트를 멈출 것인지. 어쩌면 떠나기도 전에 모든 게 무산되어버릴 수도 있었다. 우리는 전자를 택했고, 서로의 입장을 이해하기 위해 밤새 이야기를 나누며 같은 목표를 세웠다.

첫째, 떠나기 전에 힘든 것은 그냥 인정하자.

둘째, 떠나기 전에는 개고생하더라도, 뉴욕에서는 소중한 순간을 만드는 데 집중하자.

각자 다른 곳에서 일하고 있었지만, 결국 우리는 같은 곳을 바라보고 있었다. '이번 여행만큼은 망치고 싶지 않다'라는 아주 단순하고 확실한 다짐. 물론 일도 중요하지만, 뉴욕까지 가서 일만 하고 오는 것이 두려웠던 나는, 두 번째 목표인 '소중한 순간' 하나만 바라보며 잠깐의 힘듦을 견뎌내기로 마음먹었다.

뉴욕,
그 찬란한 여행을 시작하며

황고운

드디어 길고 긴 여행의 서막이 올랐다. 뉴욕이라는 환상의 도시로 떠나는 날이다. 여행 준비는 마지막의 마지막까지 긴장을 늦출 수 없었다. 짐은 넘치다 못해 결국 수화물 규정을 위반했고, 은 사장은 딸이 울 생각에 벌써 마음이 저려온다고 했다. 하지만 이제 '빼박'이다. 되돌리기엔 너무 많은 일을 저질러버려서 수습하기 위해서라도 비행기에 올라야 한다. 우리 중 한 명이 뉴욕에 간다는 설렘으로 심장에 무리가 와 쓰러지지 않는 이상, 99.9퍼센트의 확률로 떠나야만 한다.

떠나기 전날 밤, 그간의 힘듦은 온데간데없이 소풍날을 맞이하는 아이처럼 기대감에 부풀어 밤을 꼴딱 지새웠다. 잠을 못 자 버석거리는 얼굴로 비행기를 탔지만, 마음만은 몽글몽글했다. 비행기가 뜨는 순간의 기분을 잊고 싶지 않았다. 서둘러 메모장을 꺼냈다.

꿈에 그리던 뉴욕에 가는 날, 어떻게 흘러 우리가 여기까지 왔을까? 되게 이상하고 신기한 날이다. 어떤 일들이 펼쳐질지 행복한 상상을 하게 된다.

그토록 바라왔던 꿈. 제주도 한 달 살기보다 열 배쯤은 이루기 어려웠던 꿈. 은 사장이 버킷리스트에서 10년 동안 지우지 못했던 오래된 꿈. 언젠가 떠날지도 모른다는 생각만으로도 마냥 행복했던 꿈. 그 꿈과 마주한 우리는 정말로 행복할 수 있을까?

결론부터 말하자면, 우리의 뉴욕은 단연코 인생 최고의 경험이었다. 영화에서만 만났던 화려한 조명이 가득한 뉴욕의 밤거리. 예술가의 온기가 흐르는 감각적인 공간과 생소하지만 미각을 돋우는 맛있는 음식들까지. 드라마 〈섹스 앤 더 시티〉의 주인공 캐리를 만나고, 뉴욕에서의 로맨스를 즐기고, 사랑하는 가족의 결혼식을 보는 일 등.

TRUCK
ROUTE
LOCAL
N 11
ONE WAY
KINFOLK
90
WYTHE
KINFOLK

떠나기 전에는 우리에게 뉴욕이 어떻게 기억될지 참 궁금했다. 그리고 한 달 살기를 끝내는 마지막 날 밤 깨달았다. 지금 이곳이, 뉴욕의 매 순간이 너무 소중했다는 걸. 아쉬운 마음에 바람을 손으로 잡아보기도, 얼굴로 온전히 느껴보기도 했다. 해 질 녘 노을에 감탄하며 귓가에 들려오는 음악에 감사했다. 그 추억은 책을 쓰고 있는 지금의 우리를 살아가게 한다. 우리의 뉴욕 한 달 살기는 뜨거운 여름밤처럼 찬란했다.

한 달 살기가 끝나고 돌아와 뉴욕의 사진과 기록을 수도 없이 꺼내 보았다. 콘텐츠를 만들기 위해서만은 아니었다. 유난히 무기력하고 지친 날, 그때의 기억을 되살리면 어쩐지 위로가 되었고 마음이 뭉클해졌다. 한국에서와는 전혀 다른 삶, 다른 문화, 다른 생각. 모든 것이 지금까지의 삶과는 다른 곳을 향하며 가능성을 보여주고 있었다.

뉴욕을 다녀오기 전과 후, 우리는 완벽히 다른 마음을 품고 살게 됐다. 진정 원하는 일과 삶은 무엇인지 치열하게 고민하고, 스스로에게 더욱 귀 기울이며 더 단단해졌다. 그리고 우리는 여전히 뉴욕을 추억하고, 사랑하며, 그때의 기억을 되돌아보며 행복해하고 있다. 너무도 소중했고 감사했던, 그래서 눈부시게 반짝였던 30일간의 행복한 이야기를 이제 다른 사람에게도 들려주려 한다.

뉴욕으로 떠나기 전 '한 달 살기'를 위한 TIP

1. 숙소

제주도 한 달 살기를 떠날 때는 호텔을 제공받았다. 너무나 감사한 일이었지만 총 30번의 숙소 이동은 약간의 트라우마를 안겨주었다. 매일 체크아웃 전에 짐을 싸고, 다음 숙소로 이동하는 게 여행의 전부였다. 그래서 뉴욕에서는 무조건 한 숙소에서 뼈를 묻자는 계획을 세웠다. 마침 은 사장의 동생 은명이 뉴욕에 살고 있어서 숙소를 알아봐주었고, 멋진 뷰에 위치도 최고인 곳을 한 달 380만 원에 구할 수 있었다(뉴욕 물가치고 저렴한 편이다). 숙소 문제가 생각보다 너무 순탄하게 해결되었다. 이곳저곳 옮길 필요 없이 맨해튼 한가운데에 살 수 있다니. 은 사장은 신이 나서 폴짝폴짝 뛰어다니고, 페이스북에 자랑까지 했다. 하지만 우리의 기쁨은 오래가지 못했다. 떠나기 하루 전 계약이 취소된 것이다.

우리는 유학생들이 룸메이트를 구하는 '헤이코리안'이라는 사이트를 이용했다. 한 달 정도의 단기 숙소를 구하는 사람들에게 추천하는 사이트지만 우리처럼 일방적으로 계약을 파기당할 위험이 있다. 결국 다시 다른 숙소를 두세 곳 알아본 다음, 뉴욕에 도착한 날 직접 보러 다녔다. 그리고 그 중 한 곳에 머물 수 있었다. 운 좋게 직접 집을 보고 구할 수 있었지만, 이런 일이 여행자에게 흔히 일어나는 일은 아닐 것이다. 결론적으로 말하자면 헤이코리안에서 숙소를 알아보되 집주인에게 받아야 할 서류를 확실하게 챙겨두는 방법을 가장 추천한다.

※ 헤이코리안: https://heykorean.com

2. 공간

우리 프로젝트의 가장 중요한 일은 뉴욕의 '공간'을 담아오는 것이었다. 따라서 어떤 공간을 둘러보고, 어떤 사람들의 이야기를 담느냐에 프로젝트의 성패가 달려 있었다. 그래서 떠나기 전 정말 많은 장소를 리스트업 해 두었다.

작업은 생각보다 즐거웠다. 여행 전 가고 싶은 장소를 찾는 것과 같으니까. 특히 코워킹 스페이스를 찾아보는 일은 기대 이상이었다. 한국에서는 보기 힘든 독특한 공간이 많았다. 우리나라에 골목마다 카페가 있다면 뉴욕에는 길 하나만 건너면 코워킹 스페이스가 있었다. 우리는 100곳이 넘는 곳의 위치, 특징, 메일 주소를 엑셀에 옮겨 적고, 미리 방문 메일을 보냈다. 약속을 잡지 않으면 투어가 어려운 곳도 있었기 때문이다.

방문할 공간을 정하는 기준은 독특한 스토리가 있느냐, 다른 곳과 구별되는 두드러진 특징이 있느냐였다. 예를 들어 BKBS라는 코워킹 스페이스에서는 클라이밍을 할 수 있었는데, 그 점이 너무 매력적이어서 곧바로 메일을 보냈다. 이러한 특징 없이 비슷비슷한 공간들은 콘텐츠를 만들 때 어려움이 있을 것 같았다. 외관과 인테리어도 중요했다. 온몸으로 공간을 느낄 수 있는 우리와 달리, 독자들은 사진 몇 장과 글로만 공간을 접할 수밖에 없다. 어떤 곳은 특징을 알기 위해 블로그 글을 수십 개씩 읽다 보니 떠나기 전부터 이미 가본 기분이 들기도 했다.

3. 장비

여행에서 빼놓을 수 없는 것이 바로 사진이다. 특히 우리는 프로젝트 특성상 공간을 사진과 영상으로 꼼꼼하게 담아와야 했다. 유튜버들이 사용하는 카메라도 찾아보고, 지인을 총동원해 장비에 대한 조언을 구했다. 용산전자상가에서 직접 가격을 비교해보며 어렵사리 각종 장비를 구입했다. 하지만 그게 끝이 아니었다. 사용법을 전혀 몰랐기 때문이다. 감사하게 오랫동안 알고 지냈던 영상전문가이자 유튜브 채널 '마이미니라이프'를 운영하고 있는 창근 씨가 2대 1로 강의를 해주었다.

그에게 전수받은 몇 가지 팁을 알려주겠다. 첫째, 여행에서는 DSLR보다 가벼운 미러리스를 사용할 것. 둘째, 셀카 모드가 가능한 카메라를 가져갈 것. 셋째, 인터뷰 촬영 시에는 카메라 두 대를 사용할 것. 넷째, 마이크를 써서 음성을 따로 딸 것. 다섯째, 날씨나 조명에 따라 노출값이나 화이트밸런스를 조정해야 하지만 초보자라면 그냥 자동으로 맞출 것. 이렇게 세세한 팁들을 배우며 나는 진정한 PD로 거듭나고 있었다.

4. 기타

그 외에도 프로젝트 콘셉트에 맞는 촬영을 위해 스튜디오와 사진작가를 알아보고, 새로운 명함도 직접 디자인해 제작했다. 또 우리의 여행을 기록물로 남기고 많은 사람과 공유하기 위해 출판사와 계약을 진행했고, 비자신청과 여행자 보험 등 그 외에 필수 준비사항도 처리해나갔다. 이렇게 하나하나 해결할 때마다 여행과 점점 가까워지고 있다는 묘한 쾌감이 느껴졌다.

ONE WAY

2장

new york

뉴욕의 삶에서 찾아낸 인사이트

시작부터 파란만장, 뉴욕 홈리스 체험기

이은지

내 꿈은 그랬다. 인생에 한 번쯤은 〈섹스 앤 더 시티〉의 주인공 캐리처럼 뉴욕의 멋진 야경이 내려다보이는 집에 살아보는 것. 그렇기에 뉴욕을 여행하며 어떤 집에 살 것인가는 나에게 무엇보다 중요한 문제였다. 떠나기 전부터 멋진 집에 살아야 한다는 강박에 시달렸다. 무조건 시내 한가운데, 끝내주는 야경이 펼쳐지는, 역세권 집을 고집했다. 뉴욕에 살고 있는 내 동생 은명이는 까다로운 나의 조건에 맞는 집을 찾기 위해 고군분투했다. 그 결과 떠나기 한 달 전, 끝내주는 뷰와 깔끔한 시설, 위치까지 모두 만족하는 집을 계약하게 되었다.

일이 술술 풀리는 듯했고, 기쁜 마음에 페이스북이며 인스타그램 등에 닥치는 대로 자랑했다. 세상 멋진 집에서 지내게 됐다는 내 말에 많은 사람이 부러워했다. 이제 뉴요커로 폼 나게 살 날만 손꼽아 기다리면 됐다. 그 꿈이 산산조각 나리라는 생각은 손톱만큼도 하지 못한 채.

사건은 뉴욕으로 떠나기 하루 전 발생했다. 뜬금없이 미국에서 걸려온 전화 한 통. 심상치 않은 기운이 느껴졌다. 아니나 다를까 통화 버튼을 누르자마자 동생이 다급한 목소리로 말했다.

"언니, 놀라지 말고 들어."

놀라지 말라는 말을 먼저 꺼낸 것부터 놀랄 일이 있다는 얘기 아닌가.

"언니가 살 집이 일방적으로 계약 파기가 됐어. 원래는 돈도 안 주려고 했는데 내가 겨우 받아냈어."

역시나 청천벽력 같은 소식이었다. 동생은 뉴욕에 도착한 날 함께 집을 둘러보자고 했지만 내 귀에는 이미 아무 말도 들리지 않았다. 손이 떨리고 안색이 파래졌다. 바로 내일이 출발인데… 왜 하필 지금? 언제나 그렇듯 여행은 계획대로 흘러가지 않았다. 게다가 지금 당장 내가 할 수 있는 일은 아무것도 없었다.

나는 무력감에 빠져 비행기에 올랐다. 짐을 풀 곳도 없이 탑승한 뉴욕행 비행기. 우리는 뉴욕에 도착하자마자 열네 시간 비행에 절은 얼굴을 씻지도 못한 채 낯선 집들을 탐방하기 시작했다. 세상 멋진 집에 살려던 두 여자는, 세상 초췌한 모습으로 뉴욕 맨해튼을 누비게 되었다.

첫 번째 집은 역에서 1분 거리에 위치한 엄청난 초역세권으로 맨해튼의 한가운데에 있었다. 건물 입구에서부터 주머니에 총자루 하나 꼽았을 법한 키 큰 경비원이 지키고 있는 모습을 보니 이곳에 살면 치안은 걱정 없겠다는 생각이 들었다. 여자 둘이 떠나온 여행이니만큼 안전은 꽤 중요한 문제였기 때문이다.

젊은 여성 혼자 살던 공간이라고 들었는데, 역시나 집에 들어서니 좋은 향기가 났다. 깔끔한 가구들이 정갈하게 배치되어 있어서 이 정도면 살 만하겠다는 생각이 들었다. 하지만 까다로운 내 마음을 모두 충족시키기는 힘들었다. 창문이 없다는 것과 너무 번화가에 위치했다는 것 두 가지가 마음에 걸렸다.

창문이 없으니 답답함 그 자체였다. 꿈꾸던 야경은 전혀 볼 수 없었고 도심 한복판에 위치해 마치 서울역 바로 앞에 사는 느낌이 들 것 같았다. 며칠 머물고 떠난다면 모를까, 오래 살아보는 여행에는 적합하지 않았다. 우리는 집과 같은 편안함이 느껴지는 곳을 원했다.

다음 두 번째 집으로 이동했다. 이곳은 강을 하나 건넌 브루클린 지역에 있었다. 이동하는 내내 뉴욕 시내에 살아야 한다는 고집을 꺾는 것만 같아 불안감이 더해졌다. '뉴욕' 하면 맨해튼밖에 몰랐던 나에게 브루클린은 난생처음 들어보는 지역이라 내심 걱정하는 마음이 들었다. 그런데 도착해서 내리자마자 곧바로 생각이 바뀌었다.

브루클린의 첫인상은 '깔끔함'이었다. 한국과 비교하면 판교 같은 신도시 느낌이었다. 곳곳에 공원이 있어서인지 이전 집에 비해 주거지라는 인상이 강했다. 길에는 노숙자도 보이지 않았다. 그리고 집을 둘러보니 웬걸, 한쪽 벽면 전체가 창문이었다. 맨해튼 뷰는 아니었지만, 뉴욕의 멋진 건물들이 한눈에 보이는 고층의 넓은 아파트였다. 부엌에는 아일랜드 식탁이 놓여 있었는데, 왠지 그마저도 뉴욕답다는 생각이 들었다. 한국에서는 아일랜드 식탁에 아무런 감흥도 없었는데 뉴욕에서 만나니 이렇게 다를 수가. 점점 두 번째 집으로 마음이 기울어지려는 찰나, 집주인 아주머니가 결정타를 날렸다.

"우리 아들이 몇 년 동안 여기 살았는데, 이 근방에서 이렇게 괜찮은 집을 본 적이 없어. 근처에 역도 세 개나 있고…. 게다가 건너편에 금융회사가 많아서 잘생긴 남자들도 많이 지나다녀. 카페에 앉아 있으면 눈 호강 한다니까?"

OF NEW YORK
ON THE MOVE SINCE 2002

우리는 완전히 마음이 넘어가, 그 집에 살기로 결정했다. 절대 주변에 잘생긴 남자들이 많아서가 아니었다! 뷰가 좋고, 아일랜드 식탁이 멋있어서였다. 그렇게 계약을 마무리하는 동안 우리는 집 앞 공터에 앉아 라이브 방송을 켰다. 방송 주제는 '뉴욕에 왔더니… 집이 없어졌어요…!'. 사람들은 이게 무슨 일이냐며 함께 걱정해주었다. 약 30시간 가까이 씻지도 못한 우리의 초췌한 모습은 뉴욕 거리의 노숙자와 비슷했다. 첫날부터 시끌벅적한 소식을 전해 들은 사람들은 잘 해결돼서 다행이라고 위로했다.

그렇게 계약이 완료되고 집에 들어오니 전혀 실감이 나지 않았다. 집을 구한 게 맞는지, 지금 뉴욕에 있는 게 맞는지. 하지만 아무리 둘러봐도 분명 한국은 아니었다. 냄새조차 뉴욕의 냄새였다. 사실 집은 보름만 계약해두었기에 우리는 이후에 살 집도 찾아야 했고, 당장 내일모레부터는 일도 시작해야 했다. 눈앞에 풀어야 할 숙제가 너무도 많았지만 당장 두 발 뻗고 잘 곳이 있다는 사실 하나만으로도 큰 안도감이 몰려왔다.

내일의 걱정은 내일의 나에게! 일단은 뉴욕에서의 첫날밤을 기꺼운 마음으로 맞이하기로 했다. 겹겹이 쌓인 짐 속에서 한국에서부터 고이 싸 온 소주병을 꺼냈다. 앞으로 한 달, 이곳에서 어떻게 지낼지,

무엇을 가지고 한국으로 돌아갈지, 우리에게 닥칠 일들을 한 치 앞도 예측하지 못한 채 우리는 밤새 술잔을 기울였다.

뉴욕에서 집 잘 구하는 법

1. 여행 기간에 맞는 집을 구하라

뉴욕 여행을 짧게 준비하는 사람들은 중심지인 맨해튼에 머무는 경우가 많다. 하지만 실제로 살아보니 장기여행을 준비하는 사람들에게는 여행 경비나 편안함 모두를 고려했을 때 외곽의 브루클린 지역이 훨씬 좋을 수 있다. 에어비앤비에서 브루클린 지역의 지하철역 근처를 찾아보면 좀 더 수월하다. 뉴욕은 지하철 노선이 비교적 잘 연결되어 있으므로 최소한 역 두 개가 근처에 있는 지역으로 잡기만 하면 뉴욕을 즐기는 데 크게 무리가 없다.

2. 단기 숙소는 헤이코리안에서!

유학생들이 룸메이트를 구하거나 단기로 집을 내놓는 사이트가 있다. 앞에서도 소개한 헤이코리안이다. 우리도 이곳에서 집을 구했다. 장점은 방학 때 단기 숙소가 꽤 많이 나온다는 것! 어떨 때는 에어비앤비보다 저렴하다. 단점은 사기나 일방적 계약 파기 사건이 심상치 않게 일어난다는 것. 하지만 한국인들이 이용하는 사이트이니 영알못들이 이용하기가 좀 더 수월하다.

3. 좋은 숙소를 구하는 것은 운이다

원래 계약한 집에 갔더라도 좋았겠지만, 돌아보니 브루클린에 살길 잘했다는 생각이 들었다. 결국 좋은 숙소를 구하는 것은 운이고, 우리처럼 갑자기 계약 파기 통보를 받더라도 해결할 방법은 많다. 그러니 갑작스럽게 말도 안 되는 상황에 닥치더라도 너무 걱정하지 말고 최대한 빠르게 해결할 방법을 모색하자. 어차피 내 맘대로 되는 것 하나 없는 게 인생 아닌가.

4. 지하철이 두 개 이상 겹치는 지역으로 숙소 정하기

서울 지하철 1호선, 2호선이 서울의 중심지를 지나듯 미국도 수많은 지하철 중에 핵심 노선이 있다. 그러니 지하철 핵심 노선이 지나가는 지역이나, 두 개 이상의 노선이 동시에 지나는 지역으로 숙소를 선정하는 편이 좋다. 또한 역에서 너무 먼 곳에 숙소를 잡으면 매일 파김치가 되기 십상이다. 인생에 뉴욕 한 달 살기란 단 한 번뿐일 수도 있으니 반드시 편의성을 고려하자.

5. 숙소를 세 번 이상 옮기지 말 것

인터넷으로 숙소를 아무리 들여다봐도 현지에서의 숙소가 얼마나 괜찮은지, 동네 분위기가 어떤지를 파악하기는 어렵다. 그러니 첫 번째 숙소만 잡아두고 후반부에 묵을 숙소는 가서 구하도록 하자. 단, 너무 숙소를 자주 옮기는 것은 하지 말도록. 한 달치 짐을 몇 번이나 다시 싸는 것은 너무나 힘든 일이다.

6. 뉴욕에 지인이 있다면 숙소를 직접 둘러봐달라고 부탁하자

숙소 사진은 눈속임이 많다. 근처에 공사장이 있을 수도 있다. 실제로 우리의 두 번째 숙소는 공사장 바로 옆 건물이어서 매일 아침 공구 돌리는 소리를 들으며 눈을 떠야만 했다. 물론 지인에게 부탁할 때는 맨입으로 말고 작은 것이라도 성의를 표시하자.

7. 큰 도로가 있거나 치안이 좋은 곳으로!

가격이 저렴하다고 아무 곳에나 묵었다가 자칫 잘못해서 돌아오지 못할 강을 건널 수도 있다. 최대한 위험한 상황과 마주하지 않는 지역을 선정해야 한다. 특히 여자라면 더욱더 안전에 신경 쓸 것.

뉴욕의 첫인상, 좌충우돌 사건 사고 일지

황고운

열네 시간을 날아 도착한 뉴욕. 세계 곳곳을 다녔지만 처음 가보는 공항의 냄새는 항상 생각보다 더 낯설다. 미국은 입국심사가 까다롭다는 소문에 질문 리스트를 보며 어설픈 발음으로 미리 영어를 연습했는데, '너의 직업은 무엇이니?'라는 간단한 질문에서부터 막혀버렸다.

한국에서도 무슨 일을 하냐고 물으면 내 대답은 꽤 길어졌다. 크리에이터이자 마케터이기도 하고, 편집자이자 디자이너이자 작가가 되기도 한다. 특히 이렇게 떠나온 여행자 신분일 때는 디지털 노마드라는 거창한 이름이 붙기도 한다. 도대체 이걸 어떻게 줄여서 말해야 할까? 그것도 영어로 말이다. 결국 우리는 직업을 '마케터'로 통일했다. 심사를 기다리며 열 번 정도 연습하고 나니 내 차례가 되었다. 다행인지 불행인지, 검색대에서는 직업을 묻지 않았다. 이런 터무니없는 영어 실력으로 뉴욕에서 한 달씩이나 지내야 한다니, 벌써부터 두렵다.

은 사장의 동생 은명 언니는 남편과 함께 우리를 데리러 왔다. 뉴욕에 꽤 오랫동안 살고 있는 이 부부는 우리 여행에 아주 큰 버팀목이 되어줄 예정이다. 알다시피 첫날부터 집을 잃고 헤맬 처지라 집을 구하기 위해 급히 이동해야 했다. 그 와중에 창밖으로 보이는 뉴욕의 하늘은 구름 하나 없이 아주 화창하다. 길가에 놓인 쓰레기통마저 예뻐 보인다. 뉴욕이라는 사실 하나만으로도 모든 게 색다르게 느껴지는 걸까? 하지만 현실은 오늘 안에 무조건 집을 구해야 한다.

우리는 은명 언니 부부와 함께 우버를 잡아탔다. 그런데 5분도 안 돼서 '쾅!' 하는 소리가 났다. 자전거를 타는 어린아이와 부딪힌 것이다. 다행히 차에 살짝 스쳐 넘어진 정도라 아이는 크게 다치지 않았다. 작은 사고였지만 내 머릿속 사고는 정지되는 기분이었다. 뉴욕에 오자마자 교통사고라니 너무 당황스러웠다.

50NORTH5TH.COM
ONE WAY
STOP
ALL WAY
ONE WAY
ONE WAY
VAN LEEUWEN

BIG GAY ICE CREAM SHOP
BIG GAY
ICE CREAM SHOP

FRESH BREAD

TACOMBI

감사하게도 운전자분께서 따로 수습해주신다며 우리를 먼저 보내주셨다. 집을 보러 가기로 한 시간이 얼마 남지 않아서 초조함에 입이 바짝바짝 마르기 시작했다. 약속 장소까지는 10여 분 정도를 걸어가야 했다. 주위를 둘러보니 뉴욕에는 곳곳에 작은 공원이 참 많았다. 시원한 바람이 부는 공원을 지나 걸으면서 그제야 놀란 마음을 조금은 추스를 수 있었다.

그렇게 서둘러 두 군데의 집을 보고 우리의 숙소를 결정했다. 지친 우리는 잠시 쉬어갈 겸 카페에 들렀다. 이 동네는 웨스트빌리지라는 곳인데, 요즘 젊은 사람들이 많이 오는 곳이라고 했다. 나중에 알고 보니 재즈바가 모여 있는 꽤 아름다운 동네였다. 그리고 이곳에는 내가 뉴욕에서 지내는 동안 가장 즐겨 찾게 될 워싱턴 스퀘어 파크도 있다. 우리는 간단하게 음료와 빵으로 배를 채웠다. 하루 종일 긴장한 채로 돌아다닌 데다 처음으로 사람이 많은 시내에 나왔더니, 혼이 반쯤은 나간 것 같았다.

슬슬 지쳐갈 때쯤, 은명 언니가 소리를 질렀다. 손에 끼고 있던 결혼반지를 잃어버린 것이다. 뉴욕 한복판에서 반지를 잃어버리다니, 우리를 위해 시간을 내준 사람들이니만큼 꼭 반지를 찾아줘야 했다. 우리가 눈에 힘을 주고 거리 구석구석을 샅샅이 뒤지는 사이, 남편분은 재빨리 카페로 달려갔다. 혹시 누가 가져가지는 않았을까 싶어 마음이 쿵쾅거렸다. 다행히 반지는 카페 화장실 구석에서 발견됐다. 놀란 가슴을 두 번 쓸어내리고서야 드디어 우리의 첫 숙소로 들어갈 수 있었다.

문득 우리의 오늘 하루가 꽤 파란만장했다는 걸 깨달았다. 뉴욕의 첫인상이라기엔 너무 혼미하고 정신없는 날이었다. 한국에서 밤을 꼴딱 새운 후 열네 시간 동안 비행했고, 도착하자마자 집을 알아보았다. 거기다 작은 차 사고도 났고, 반지 분실 사건도 일어났다. 이게 하루 만에 있었던 일이라니. 이런 날이 매일 반복된다면, 뉴욕 한 달 살기가 아니라 '뉴욕 사건 사고 일지'로 이름을 바꿔야 할 듯했다.

게다가 시차 적응에 실패해서 새벽 5시에 해가 뜰 때까지 잠들지 못한 것은 덤. 뉴욕이 주는 설렘 때문인지, 우리의 유별남 때문인지는 모르겠지만, 어쩐지 한 달 동안 일어날 기막힐 일들 때문에 두근거리는 마음이 가라앉지 않아 더 잠이 오지 않았던 게 아닐까 싶다.

내가 떠나온 진짜 이유를 찾다

황고운

나는 원래 뉴욕이라는 도시에 큰 환상이 없었다. 〈섹스 앤 더 시티〉를 보고 자란 은 사장과는 달리, 나에게 뉴욕은 별 감흥 없는 복잡한 도시일 뿐이었다. 그런 내가 뉴욕에 관심을 가진 건, 한 장의 사진 때문이다. 줄지어 들어선 투박한 공장 벽에 그려진 알록달록한 그래피티, 구름 한 점 없는 푸른 하늘과 초록빛 나무, 거기에 어우러진 개성 강한 패션의 사람들. 그들의 표정은 하나같이 맑았다. 내 상상 속 뉴욕은 분주한 일상에 찌든 사람들로 가득했는데, 사진 속 뉴욕은 그 어느 곳보다 자유롭고 여유로웠다.

사진 속 장소는 윌리엄스버그라는 매력적인 동네로 뉴욕 중심지인 맨해튼에서 강을 하나 건너야 하는 브루클린에 있다. 브루클린은 얼마 전까지만 해도 오래된 공장들이 가득해서 현지인들도 발길이 뜸한 동네였다고 한다. 그런데 최근 몇 년 사이 예술적인 거리로 젊은이들 사이에 인기가 높아지고 있었다. 마치 우리나라 예술가들이 홍대에서 연남, 망원, 성수로 넘어가는 것과 비슷하다. 소호의 젊은 예술가들이, 땅값이 오르며 쫓겨나 새롭게 정착한 곳이 바로 윌리엄스버그다. 한국으로 비교하자면 성수동과 분위기가 가장 비슷했다.

우리는 뉴욕에 도착한 바로 다음 날 윌리엄스버그에 갔다. 5월의 뉴욕은 완벽한 날씨를 자랑했다. 너무 덥지도 춥지도, 건조하거나 습하지도 않은 딱 포근한 날씨. 윌리엄스버그의 거리는 내가 본 사진 속 장면 그대로였다. 독특한 분위기를 풍기는 상점들 사이를 거니는 사람들은 하나같이 개성이 넘쳤다. 발걸음은 가벼웠고, 여유로움이 묻어났다. 온몸으로 뉴욕을 만끽하다 보니 비로소 이곳에 왔다는 게 실감났다.

하염없이 거리를 걷다가 한 카페를 찾아갔다. 내가 가장 가보고 싶었던 '킨포크(Kinfolk)'라는 카페 겸 펍이었다. (지금은 아쉽게도 폐업 상태이다.) 킨포크에 거의 도착할 무렵, 길 건너 카페에서 흥겨운 음악 소리가 흘러나왔다.

KINFOLK
90
WYTHE

ONE WAY

활짝 열린 폴딩도어 사이로 테이블이 놓여 있고, 거기에 기대 선 외국인들은 편하게 대화를 나누고 있었다. 다른 어느 곳들보다 유난히 개성 있고, 세련된 분위기에 홀린 듯 가게로 들어섰다. 귓가에 울리던 소리는 아티스트가 직접 디제잉한 음악이었다. 그 소리에 맞춰 흑인 종업원이 춤을 추며 주문을 받으러 왔고, 우리는 바 테이블에 앉아 맥주 두 잔을 주문했다.

주위를 둘러보니 정말 다양한 사람들이 있었다. 노트북으로 일하는 사람, 책을 읽으며 사색을 즐기는 사람, 맥주를 마시며 수다를 떨거나 식사하는 사람까지. 그들은 누구의 눈치도 보지 않으며 자유를 누리고 있었다. 우리 또한 이 공간에 있는 잠깐의 시간 동안은 아무 걱정도, 불만도 없이 평화로웠다. 좋아하는 노래를 한 곡 반복해서 들으며 가만히 소파 자리에 누워 있었다. 그 순간, 우리는 윌리엄스버그와 사랑에 빠져버렸다. 그 후로 뉴욕에 있는 한 달 동안 비가 와서, 날씨가 좋아서, 기분이 상쾌해서, 여러 이유로 이곳을 찾았다. 특히 킨포크는 하루에 두 번 방문한 날도 있을 정도로 단골 카페가 되었다.

내가 유난히 킨포크를 좋아했던 것은 평소 아껴 보던 잡지와 이름이 같다는 아주 단순한 이유 때문이었다. 도대체 그게 뭐가 중요하나 싶겠지만, 나에게는 굉장히 특별한 의미였다.

〈킨포크〉는 미국의 포틀랜드라는 작은 도시에 사는 사람들의 일상을 담은 잡지이다. 영어로 'kinfolk'는 '친척, 친족 등 가까운 사람'이라는 뜻인데, 이 단어를 쓴 이유는 '소소한 일상의 행복'을 추구하기 때문이라고 했다. 그들은 굉장히 여유롭고 낭만적인 사람들이었고, 자신이 원하는 것을 아주 잘 알고 있었다. 나는 그들의 삶을 동경했다. 바로 내가 살고 싶은 삶이었기 때문이다.

나는 여전히 어떻게 살아야 잘사는 것인지 모른다. 다만 단순히 주어진 대로, 흘러가는 대로만은 살고 싶지 않다. 그래서 세상을 향해 나를 던졌고, 최대한 많은 경험을 하려고 노력했다. 그렇게라도 내 앞에 놓인 더 많은 선택지 중에서 정답을 찾고 싶었다. 어쩌면 그래서 별 감흥 없는 뉴욕행 비행기를 한 치의 망설임도 없이 끊은 게 아닐까?

비록 〈킨포크〉 잡지와는 상관없지만, 그 공간에 내 몸을 두면 이상하게 내가 동경하던 그들과 닮아가는 게 느껴졌다. 그제야 비로소 깨달았다. 내가 원하는 건 열네 시간, 지구 반대편 뉴욕에만 존재하는 행복이 아니라, 권태로울 정도로 일상적인 서울에서도 느낄 수 있는 소소한 행복과 마음의 여유였다. 다른 건 몰라도 이것 하나는 알게 되어 참 다행이었다.

여행 2일 차, 내가 떠나온 진짜 이유를 찾았다.

죽을 때까지 여자이고 싶은 마음

이은지

분명 나는 네일아트도, 새로운 머리 스타일을 시도하는 것도 참 좋아했다. 결혼하고 난 다음부터일까, 아니면 아이를 낳고 난 후부터일까. 어느 순간 돌아보니 손톱이 깨진 줄도, 흰머리가 난 줄도 모르고 일에만 매달리는 워커홀릭으로 살고 있었다. 노력한 만큼 돈을 벌고 있으니 더 높이 올라가려는 목표가 크게 잘못되지 않았다고 믿으며 살아왔다. 그런 믿음이 처음으로 달콤한 마카롱을 만난 어느 날 깨져버렸다.

뉴욕에 온 지 3일 차, 디저트라면 사족을 못 쓰는 동생이 소호에 있는 마카롱 가게 '라뒤레(Ladurée)'에 꼭 가보라며 등을 떠밀었다. 디저트나 마카롱에 별 감흥이 없었던지라 굳이 꼭 가야 하나 싶었는데, 웬걸, 동생이 '〈섹스 앤 더 시티〉에서 캐리가 브런치를 먹었던 곳'이라는 말을 덧붙인다. 그렇다면 한번 가봐야지!

가게 입구에서 봤을 때는 별다른 특이한 점이 없었다. 연남동에 있는 흔한 디저트 가게보다 조금 더 큰 느낌? 그런데 입구에서부터 이어지는 통로를 따라 들어가니 갑자기 궁궐 같은 멋진 공간이 펼쳐졌다. 이런 곳에서는 19세기 유럽에서처럼 화려한 드레스 차림으로 새끼손가락 하나쯤 펴고 차를 마셔줘야만 할 것 같았다.

하지만 라뒤레의 매력은 앤티크한 인테리어뿐만이 아니었다. 저 멀리 햇볕이 쏟아지는 큰 문으로 나가 보니 푸른 나무가 우거진 멋진 정원이 펼쳐지는 것 아닌가. 이 성의 주인이 가꾸는 비밀의 정원에 초대받은 기분이었다. 어디선가 꼬마 요정들이 튀어나와도 전혀 이상하지 않았다. 평일 대낮임에도 정원에는 브런치와 마카롱을 즐기는 많은 사람이 가득했다. 그렇게 나는 이 색다른 분위기에 취해 한 번도 먹어본 적 없는 미지의 존재 마카롱을 먹어보기로 했다.

Maison fondée en 1862
LADURÉE
Paris

자리를 잡고 주문한 뒤 주위를 둘러보니 브라이덜 샤워를 하는 듯한 여성들이 눈에 들어왔다. 3층짜리 케이크를 가운데 두고 주인공으로 보이는 누군가를 축하하고 있었는데, TV에서만 보아왔던 금발 미녀들의 모임을 실제로 보고 있자니 기분이 묘했다. 그 옆 테이블에서는 하트 모양 티셔츠와 청바지로 커플룩을 맞춘 게이 커플이 서로를 사랑스럽게 바라보며 서로의 입에 마카롱을 넣어주고 있었다. 토종 한국인으로 자란 나는 눈앞에 있는 그들의 모습을 보며 마치 내가 영화 속으로 들어온 듯 현실감각이 사라졌다.

이윽고 예쁜 접시에 마카롱이 담겨 나왔다. 두근거리는 마음으로 한입 베어 무는 순간, '툭' 하고 눈물이 떨어졌다. 이렇게 흔하디 흔한 마카롱을 뭐가 그렇게 바쁘다고 한 번도 먹지 못한 채 바쁘게만 살아왔단 말인가. 지금까지 누리지 못한 자유와 나를 위한 시간을 비로소 뉴욕에 와서야 보내고 있자니 한국으로 돌아가 다시 똑같은 일상을 반복할 내가 불쌍하게 느껴졌다.

그때부터였다. 뉴욕에서의 일정을 소화하면서도 한국으로 돌아갈 디데이가 다가온다는 생각에 불안감이 커지기 시작했다. 달콤한 마카롱을 베어 문 이 순간이 한여름밤의 꿈처럼 사라져버릴 것만 같은 두려움. 검은 정장으로 가득한 옷장을 뒤로하고 어색하기만 한 하늘하늘한 원피스 차림으로 비밀의 정원에 초대받은 공주님처럼 보낸 이 하루가 연기처럼 사라져버릴지도 모른다는 아쉬움.

일상에서 일주일에 한 번, 아니 한 달에 한 번이라도 이런 달콤한 시간을 보냈더라면 나에게 뉴욕은 덜 아름다웠을지도 모른다. 한국에서의 내 삶이 이토록 퍽퍽하고 무채색으로 느껴지지 않았을지도 모른다. 하루하루를 바쁘게 살아내느라 정신없는 워킹맘, 아이가 1순위여서 어느새 본인은 뒷전인 대한민국의 엄마들에게 전하고 싶다.

"여자라는 존재는 마카롱을 먹을 수만 있어도 행복하더이다."

우리는 인생을 함께 여행하는 동행자다

황고운

우리는 뉴욕에 머문 30일 중에 29일을 술과 함께했다. 하루 정도는 술을 마시지 않았다고 해야 그나마 술꾼이라는 이미지가 남지 않을 테니, 약간의 내숭은 부려주기로 한다. 주종은 대체로 와인이었다. 미국에서 특히 와인이 저렴하다는, 어디서 들었는지 모를 소문 때문이었다. 마침 우리 집 바로 앞에 와인 전문매장이 있어서 집으로 돌아가는 길에 늘 한 병씩 사서 귀가했다. 한바탕 술잔을 기울이다가 어느 정도 취기가 올라오면 다시 졸래졸래 내려가 한 병을 더 사 오곤 했다.

매일 무슨 이야기를 그렇게 많이 했는지는 정확히 떠오르지 않지만, 단 하루, 유난히 기억에 생생하게 남아 있는 날이 있다. 그날은 비가 올 듯 말 듯 유독 하늘이 우중충했다. 큰맘 먹고 거금을 들여 뮤지컬을 보러 갔다. 우리는 들뜬 마음으로 자리에 앉았지만 얼마 후 꾸벅꾸벅 졸면서 밖으로 뛰쳐나올 수밖에 없었다. 뮤지컬이 이렇게 긴 줄도 몰랐지만, 영어를 하나도 알아들을 수 없어 도통 무슨 내용인지 알 수가 없었다. 자꾸만 엉덩이가 들썩거려 가만히 앉아 있기가 정말 힘들었다. 날씨도 흐리고, 벼르고 본 뮤지컬도 실패하다니. 왠지 모를 자괴감을 껴안고 극장 앞 작은 와인바에 들어갔다.

우리는 와인을 마시며 뮤지컬의 스토리를 추측해보기도 하고, 이런저런 시시콜콜한 이야기를 나누었다. 가장 기억에 남았던 대화는 '낙타의 배신'에 대한 이야기였다. 우연히 SNS에서 《연금술사》에 나오는 글을 본 것이다.

낙타는 지친 내색 없이 수천 리를 걷다가 어느 순간 숨을 놓아버린다는 내용이었다. 침묵하고 오래 참는 성향은 혼자일 때는 미덕일 수 있지만, 사막을 함께 건너는 동행에게는 아주 치명적인 '배신'이 된다는 글이 덧붙여져 있었다. 이 글을 읽으며 은 사장과 나의 동행이, 지나간 연인들과 사막을 건너던 여정들이 생각났다. 은 사장은 남편과의 결혼 생활을 떠올렸다.

kbp

사람이 맺는 모든 관계는 사막을 건너는 일처럼 쉽지 않다. '침묵하고 오래 참는 성향'이 나의 가장 큰 장점이라 생각해왔는데, 지나고 보면 나는 낙타처럼 숨을 놓아버린 적이 많았다. 여행을 떠나기 전, 은 사장과 갈등이 있었을 때도 마찬가지였다. 우리가 서로 무엇을 바라보고 있는지, 침묵하지 않고 미리 소통했더라면 일어나지 않았을 불필요한 감정 소모였다. 우리는 여행을 하며 서로에게 낙타가 되지 말자고 약속했다. 힘들면 잠깐 쉬었다 가자고, 목이 마르면 카페에 들려 차 한잔하자고, 눈부시게 아름다운 곳을 지날 땐 가만히 경치를 즐겨도 보자고 말이다.

와인을 두 병쯤 비우고 거리로 나왔다. 은 사장은 높은 구두에 뒤꿈치가 자꾸 쓸린다고 했다.

"언니, 그럼 신발을 벗고 걸어봐요."

은 사장이 쭈뼛거리며 망설이자, 취기에 기분이 좋아진 내가 먼저 신발을 벗었다. 맨발의 산책을 시작하기로 한 것이다. 뉴욕의 밤거리를 맨발로 걷고 있다니! 이렇게 짜릿할 수가! 길을 가던 사람들이 우리를 미친 사람처럼 쳐다봤지만, 신경조차 쓰이지 않았다. 만약 언니만 맨발로 걸었다면 나는 그 감정을 느끼지 못했겠지? 우리는 길이 끝날 때까지 걷다가 강가가 나오자 벤치에 앉아 한참 동안 아무 말도 하지 않았다. 우리 사이에 이전과는 다른 공기가 흐르고 있었다. 지난 몇 년간 함께 일해온 동료가 아닌 인생의 소중한 친구가 옆에 있는 느낌이었다. 이 여행이 우리 앞에 놓인 더 긴 여정의 시작이 될 것이라는 기분 좋은 예감이 든다.

센트럴파크에서 낮잠을 자본 적이 있나요?

황고운

'저녁이 있는 삶'은 일상에 지친 사람들에게 '소확행(소소하고 확실한 행복)'이 되었다. 나 역시 저녁이 있는 행복한 삶이 필요했다. 다만 나에게는 한 가지 추가 조건이 있으니, 그건 바로 '저녁과 공원이 있는 삶'이다. 작은 공원과 산책로는 삶의 질을 급격히 높여준다. 서울에서 8년 넘게 자취하며 무려 다섯 번이나 이사한 나에게 '가장 좋았던 동네가 어디냐?'고 묻는다면 주저하지 않고 이렇게 답한다. "연희동부터 효창공원까지 이어진 경의선 숲길, 그 중 가장 조용하고 한적한 산책로 앞 대흥동의 작은 집"이라고. 비록 여름엔 덥고 겨울엔 춥고 술집 골목에 있어 습하고 눅눅했지만, 나는 그 시절의 내가 가장 그립다. 매일 밤 강아지 보리와 산책하고, 외출했다 들어오는 길에도 굳이 멀리 돌아 숲길을 걸어왔다. 추운 겨울에는 완전무장을 해야 했고, 더운 여름에는 땀을 뻘뻘 흘리기도 했지만 공원은 절대 포기하지 않았다.

내가 뉴욕을 좋아한 이유 중 하나도 바로 공원이었다. 뉴욕에는 구석구석 공원이 있다. 세상에서 가장 바쁘고 복잡한 도시 속에서 사는 사람들의 표정에 여유와 미소가 흐르는 이유가 그 때문이지 않을까. 지나가다가 잠시 공원 벤치에 앉아 숨을 돌리고 있으면 참 많은 사람이 보인다. '007 가방'을 들고 멋진 정장을 차려입은 아저씨는 종이 신문을 읽고 있고, 산뜻한 드레스를 입은 여자는 따뜻한 봄볕을 온몸으로 즐기고 있었다. 작은 공원도 이렇게나 좋은데, 그 유명한 센트럴파크는 또 얼마나 좋을까? 우리는 돗자리를 챙겨서 센트럴파크로 향했다.

뉴욕 지도를 보면 센트럴파크는 공원이라기보다는 마치 숲 같다. 그만큼 넓은 공간을 차지한다. 공원에 들어서는 순간 어디로 눈길을 돌려도 초록빛 풀이 보이고, 곳곳에는 길거리 공연을 하는 사람들이 자리를 잡고 있다. 우리는 더 깊은 숲속으로 걸어 들어갔다.

우연히 발걸음이 멈춘 곳은 존 레논을 추모하는 '스트로베리 필즈'였다. 뉴욕 시에서는 그를 추모하기 위해 센트럴파크에 공간을 조성했고, 지금까지도 많은 사람이 그를 기억하며 찾아오고 있다. 바닥을 장식한 둥근 무늬 안에는 'IMAGINE'이라는 글자가 새겨 있었다. 몽상가라고도 불린 존 레논이 만든 비틀스의 〈이매진〉은 평화를 노래하는 곡이다. 전쟁도 고통도 없는 이상적이고 낭만적인 삶을 과연 우리가 만들어낼 수 있을까. 나는 그 길목을 지나며 내 재생 목록에서 〈이매진〉을 찾아 틀었다. 나의 눈도 귀도 그 순간만큼은 꽤 평화로웠다.

우리는 큰 나무 아래 작은 돗자리를 폈다. 돗자리가 날아가지 않도록 한쪽 구석에 신발을 얹어 둔 다음 음악을 크게 틀고 팔베개를 하고 누웠다. 시선이 닿는 곳에 푸른 나뭇잎 사이로 햇빛이 빛났다. 주위에는 뛰어노는 강아지와 아이들이 보였다. 귓가에 사람들의 소리와 음악 소리가 뒤엉켰지만 마음만큼은 고요해졌다. 그리고 그대로 잠이 들었다.

그 짧은 시간에 꿈을 꾸었다. 꿈속에서 나는 열여덟 살에 걷던 스페인 산티아고 순례길을 다시 걷고 있었다. 언덕 너머로 끝도 없는 길이 이어졌고, 사방에는 사람이 한 명도 없었다. 무서울 법도 한데 노래를 흥얼거리면서 따스한 햇볕을 맞았다. 내 인생에서 가장 평화로운 순간이었다. 잠에서 깨자 귓가에 루시드폴의 〈보이나요?〉라는 곡이 들려왔다. 산티아고 순례길을 걸을 당시 짝사랑하던 친구를 생각하며 반복해 듣던 노래였다. 문득 생각해보니 내가 공원과 산책을 좋아하게 된 건 그 길 덕분이었다. 43일 동안 꼬질꼬질한 모습으로 무려 800킬로미터를 걸으며 종아리가 탄탄해지고 얼굴이 붉게 익어갔지만, 그 시절 매일 느꼈던 차분하고 평화로운 날들을 지금껏 그리워하고 있었다.

해가 지기 시작했다. 슬슬 출출해져서 돗자리를 접고 드넓은 숲을 빠져나왔다.

'센트럴파크에서 낮잠을 자다니. 살다 보니 별일이 다 있네.'

공원을 나와 길을 하나 건너니 복잡하고 화려하게 빛나는 도심이 펼쳐졌다. 우리 인생과 다를 바 없구나. 매일 바쁘게 살지만 길 하나만 건너면 끝없는 평화가 펼쳐진다. 나는 인생의 가장 평화로웠던 날을 매일같이 꿈꾸며 살아왔다. 하지만 현실은 그렇지 못했다. 어떤 날은 새벽까지 잠들지 못하며 일했고, 이 사람 저 사람에게 치이면서 뿌옇

게 흐린 정신으로 보낸 날들이 대부분이었다.

나는 더 구체적인 평화를 꿈꾸기로 했다. 저녁이 있는 삶, 공원이 있는 삶과 같이 말이다. 아침이면 눈을 뜨는 것조차 괴로워 꾸물거리기보다 곧바로 일어나 창문을 활짝 열고 환기를 시키는 잠깐의 여유를 누리고 싶다. 하루 종일 답답한 실내에서 일하더라도, 해 질 녘 노을은 내가 좋아하는 장소에서 맥주 한잔을 마시며 바라보고 싶다. 내가 좋아하는 밤이 되면 고단함에 지쳐 서둘러 잠들기보다 사랑하는 이들과 집 앞 공원을 산책하고 싶다. 생각이 복잡할 때는 세 번쯤 읽은 좋아하는 책을 들고 공원 벤치에서 시간을 보내고 싶다. 그런 공원이 있는 삶을 살고 싶다. 내가 센트럴파크에서 낮잠을 잤던 그 순간처럼 말이다.

슬픔을 기억하는 방식, 9·11 메모리얼

황고운

뉴욕에서 9·11테러가 발생한 지 올해로 꼬박 20년이 되었다. 워낙 어렸을 때 일어난 일이라 기억에도 거의 남아 있지 않고 큰 감흥은 없었지만, 어쩐지 뉴욕에 가면 꼭 한 번은 9·11 메모리얼 파크에 들러야겠다고 마음먹었다. 그렇다고 구체적인 계획을 세우지는 않았는데, 마침 어느 날 점심을 함께한 지인이 "뉴욕에 온 사람들이 꼭 한번 들렀으면 좋겠어요"라며 추천을 해주어 발걸음을 옮기게 되었다. 뉴욕에 오는 수많은 한국인 중에 그곳을 방문하는 사람은 별로 없다고 했다.

쌍둥이 빌딩이 있던 자리에는 두 개의 커다란 폭포가 흐르고 있었다. 물이 떨어지는 주변에는 희생자들의 이름이 하나하나 새겨진 돌이 둘러싸여 있었다. 주위를 둘러보니 몇몇 사람이 돌을 어루만지고 있었고, 하얀 꽃 한 송이가 놓여 있기도 했다. 희생자의 유가족이 다녀간 듯했다. 멈추지 않고 흐르는 물을 보니 어떤 낯선 이의 눈물이 흐르는 것 같아 기분이 이상해졌다.

폭포를 지나자 메모리얼 박물관이 나왔다. 우리는 먼저 그날의 기록을 담은 영상을 한 편 보았다. 모든 말을 다 알아들을 수는 없었지만 인터뷰하는 사람의 표정과 목소리만으로도 느껴졌다. 이 사건이 얼마나 많은 이에게 큰 아픔을 주었는지 말이다. 영상이 끝나고, 시간대별로 어떤 일들이 있었는지 전시한 곳으로 이동했다. 가는 길 곳곳에는 그날의 잔해들이 전시되어 있었다.

2001년 9월 11일은 구름 한 점 없이 맑은 날이었다고 한다. 여느 때처럼 출근하는 사람들로 붐비던 맨해튼 한복판. 갑자기 굉음을 울리며 세계무역센터 북쪽 건물에 항공기가 충돌했다. 오전 8시 45분이었다. 잠시 후 9시 3분에는 남쪽 건물에도 항공기가 충돌했고, 9시 40분에는 워싱턴에 있는 국방부에도 항공기가 추락했다. 맨해튼의 상징과도 같았던 쌍둥이 빌딩은 사고 한 시간 뒤 완전히 붕괴했다. 평소와 다름없이 출근하던 사람들은 그 광경을 보고 경악했다. 수많은 소방대원이 한 명의 목숨이라도 더 구하기 위해 뛰어들었지만, 건물이 붕괴되면서 그 과정에 목숨을 잃은 사람도 있었다. 공포에 시달려 높은 곳에서 뛰어내린 사람들의 심정은 또 어땠을까…. 우리는 전시관을 걸어가며 그 현장으로 빨려 들어가는 기분을 느꼈다. 당시 항공기가 충돌하는 장면을 사진과 영상으로 접하자 그때 일어난 엄청난 소음과 잔해들이 그대로 전달되었다. 우리는 그제야 정신이 번쩍 들었다.

9·11 메모리얼 박물관은 시간별, 상황별로 그날의 상황을 세밀하게 기록해두었다. 하나하나 구체적으로 기억하기 위해 노력한 흔적이 고스란히 느껴졌다. 현장에 있던 건물의 파편, 구급차와 소방대원의 신발 한 짝까지 모두 잘 보존되어 있었다. 어느 한 사람의 죽음도 헛되지 않게 생각한 것이다. 또 테러범이 입국심사를 통과하는 영상과 음성을 찾아내고, 지하철을 통과하는 모습까지 남겼다. 다시는 이런 사건이 반복되지 않았으면 하는 마음이 엿보였다. 가장 놀라웠던 점은, 관람 중에 감정적으로 힘들어하는 사람들을 배려해 곳곳에 출구를 배치해두었다는 것이다.

그날의 여러 기록들 중에서도 한 엄마의 통화 녹음이 가장 기억에 남았다. 충돌하던 여객기에 타고 있던 그녀는 눈물을 흘리며 아이에게 메시지를 남겼다.

"미안하다, 미안하다, 널 많이 사랑한다, 정말 많이 사랑한다."

그리고 녹음은 끊어졌다. 아무 잘못 없이 죽어간 그녀의 아이는 어떻게 자랐을까? 엄마 없이 평생을 살아야 하는 그 아이는 얼마나 아픔을 겪었을까? 아이를 두고 떠나는 그 마음은 얼마나 절절했을까? 우리는 거의 두 시간 동안 박물관에 머물렀고, 한참 동안 말을 잃었다.

너무 화가 났다. 9·11테러에 대해 더 알고 싶었고, 공부해봐야겠다는 생각이 들었다. 왜 이런 일이 일어날 수밖에 없었는지, 정확히 그날 아침 이곳에서 무슨 일이 일어났는지, 그 사건으로 얼마나 많은 사람이 아파했고, 후에 어떤 일이 벌어졌는지 말이다. 숙소에 돌아가서 잠들기 전까지 9·11테러에 대해 찾아봤고, 꿈속에서도 사건이 등장했다.

그때서야 알게 되었다. 이 전시관이 엄청나게 중요한 역할을 하고 있다는 것을. 유명한 전문가가 우리에게 공부해야 한다고 강요하더라도 이런 마음은 들지 않았을 것이다. 하지만 현장에서 그때의 충격과 공포를 눈으로 직접 마주하자 생각이 달라졌다. 이 공간은 우리에게 그날의 사건을 더 잘 알아야 한다는 '마음'이 들게 했다. 감히 슬픔을 돈으로 계산할 수는 없지만, 미국에서 가장 비싼 뉴욕 한복판의 넓은 공간을 희생자를 기억하는 용도로만 사용하고 있다는 사실이 놀라웠다. 그들이 슬픔을 기억하는 방식이 존경스러웠다.

앞으로 이런 사건이 일어나지 않으리라고 확신할 수는 없다. 어쩌면 이보다 더 많은 희생자가 생기는 테러가 있을 수 있고, 이것만큼 가슴 아픈 사건이 발생할 수도 있다. 더 이상 슬픈 일은 없을 거라고 말할 수 없는 현실이 마음 아플 뿐이다. 하지만 그럼에도 우리는 슬픔을 안은 채로 살아가야 하고, 그러기 위해서는 마음을 다해 지난 아픔을 직면할 수 있어야 한다.

어떤 일이든 시간이 지나면 잊히기 마련이다. 우리나라도 세월호를 비롯해 가슴 아픈 사건들이 많았다. 아마 각자의 방식으로 그날을 기억하기 위해 노력하겠지만, 미국이 9·11테러를 잊지 않고 남겨두었듯 우리도 그랬으면 하고 바라게 된다. 오랜 세월 사건의 공간을 희생자들을 위해 비워두는 것. 그리고 20년이 지난 지금까지도 희생자들을 기리기 위해 찾아오는 수많은 발걸음을 되돌려보내지 않는 것. 그 마음들이 지난 모든 아픔을 보듬어주고 있는 건 아닐까?

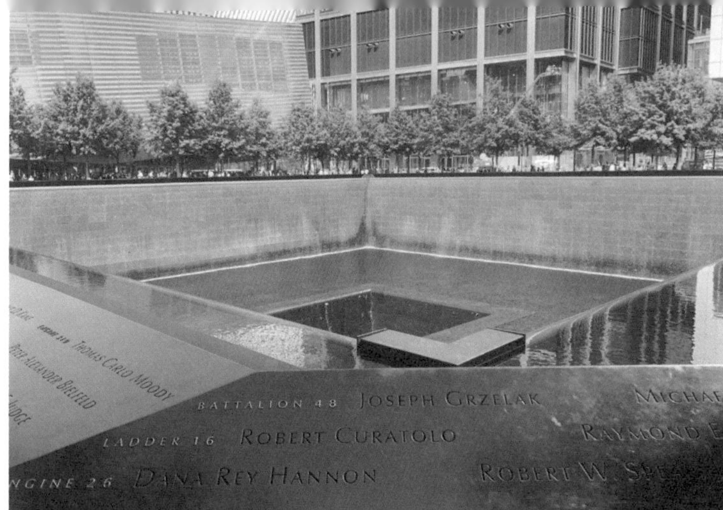

Thomas Carlo Moody
Peter Alexander Bielfeld
BATTALION 48 JOSEPH GRZELAK
LADDER 16 ROBERT CURATOLO
DANA REY HANNON

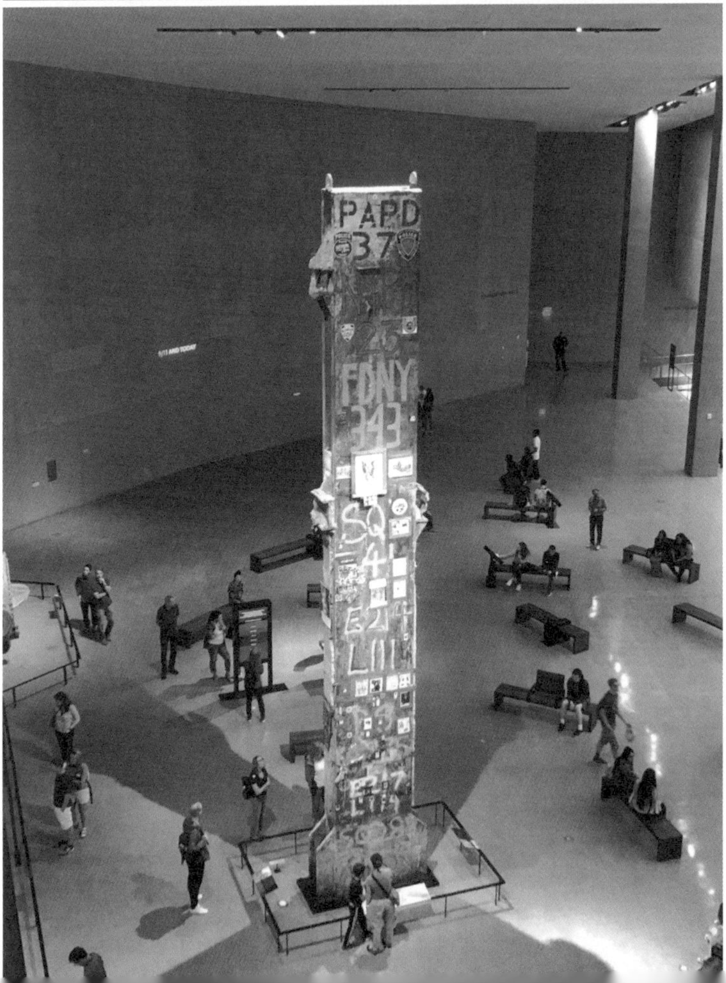
PAPD
37
FDNY
343

디지털 노마드, 일과 여행의 균형을 잡다

황고운

뉴욕 한 달 살기의 절반이 지나갈 무렵 우리는 어느새 뉴욕 생활에 적응하고 있었다. 특히 제주도에서의 악몽을 반복하지 않기 위해 엄청나게 노력했다. '일만' 하는 여행 대신 '일도' 하는 여행이 되도록 말이다. 뉴욕으로 떠나기 전 다짐한 대로 여행의 즐거움을 놓치지 않기 위해서는 일과 여행을 분리하는 게 굉장히 중요했다. 일하는 시간에는 확실히 집중하고, 그 외의 시간에는 어떻게 하면 행복하게 보낼 수 있을지 궁리했다. 아주 다행히도 뉴욕에 와 있다는 사실만으로도 꽤 행복했다.

일과 여행을 분리하기 위해 우리는 작은 일상들에 더 집중하려고 노력했다. 평소처럼 잠에 들고 눈을 뜨는 것, 예쁘게 화장하고 마음에 드는 옷을 입는 것, 매일 뉴욕의 거리를 구경하고 맛있는 음식을 먹는 것까지. 사소한 일들로 채워지는 일상이 우리의 여행을 행복하게 해주었고, 우리를 많이 변화시켰다. 뉴욕에서의 일상을 떠올리면 늘 화려함으로 빛날 것 같지만, 우리는 소소한 순간순간이 더욱 즐거웠다. 그래서 일을 하지 않을 때는 과감하게 카메라를 내려놓고, 좋아하는 것들을 가까이 두었다.

나는 잠을 충분히 자고, 맛있는 고기를 잔뜩 먹는 걸 좋아했다. 노을 지는 뉴욕은 단 하루도 놓치기 싫었고, 일과의 중간에는 카페에 가서 체력을 보충해야 했다. 은 사장은 민소매 티셔츠를 입어야 행복했고, 와인을 사랑했다. 뉴욕에 있는 매 순간이 자유롭다는 그녀는 꿈에 그리던 캐리를 만나겠다며 만사 제쳐두고 서점으로 향하기도 했다. 이렇게 서로가 무엇이 필요한지 잘 알고, 그것들을 하나씩 충족시켜 주다 보니 일하는 시간에는 불만이 생기지 않았다.

디지털 노마드의 고충은 아름답고 낯선 도시까지 와서 방구석에 박혀 일하고 있다는 슬픔이다. 많은 사람이 여러 가지 시행착오 끝에 자기만의 방식을 찾아간다. 어떤 디지털 노마드는 평일 오전 9시부터 오후 6시까지는 무조건 일을 하기도 한다. 대신 주말 동안에는 마음껏 여행지를 누린다. 또 어떤 사람은 매일 3시까지는 일을 하고 오후 시간은 놀러 다니기도 한다. 정해진 게 아니기 때문에 평소 본인의 스타일에 맞추면 된다. 우리는 기분파이기 때문에, 일정이 없으면 놀고 피곤하면 쉬는 방식을 택했다. 또 어떤 날은 밤새 일을 몰아서 하기도 했다.

분명한 건, 디지털 노마드들이 살아남는 공통된 방법이 바로 일과 여행의 분리라는 사실이다. 마음에서 주문을 외우는 것이다. '아, 이곳은 뉴욕이지만 지금은 일하는 시간이다'라고 말이다. 생각해보자. 그렇지 않으면 얼마나 억울하고 우울할까. 디지털 노마드에 도전하고 싶다면, 자신의 일하는 방식과 여행 스타일을 잘 알아야 한다. 그리고 자신만의 방법을 찾아서 좋아하고 필요한 것을 충족시켜주는 것이다. 아마 우리처럼 소소한 일상에 집중하는, 단순하고 순수한 방법 또한 꽤 도움이 될 것이다.

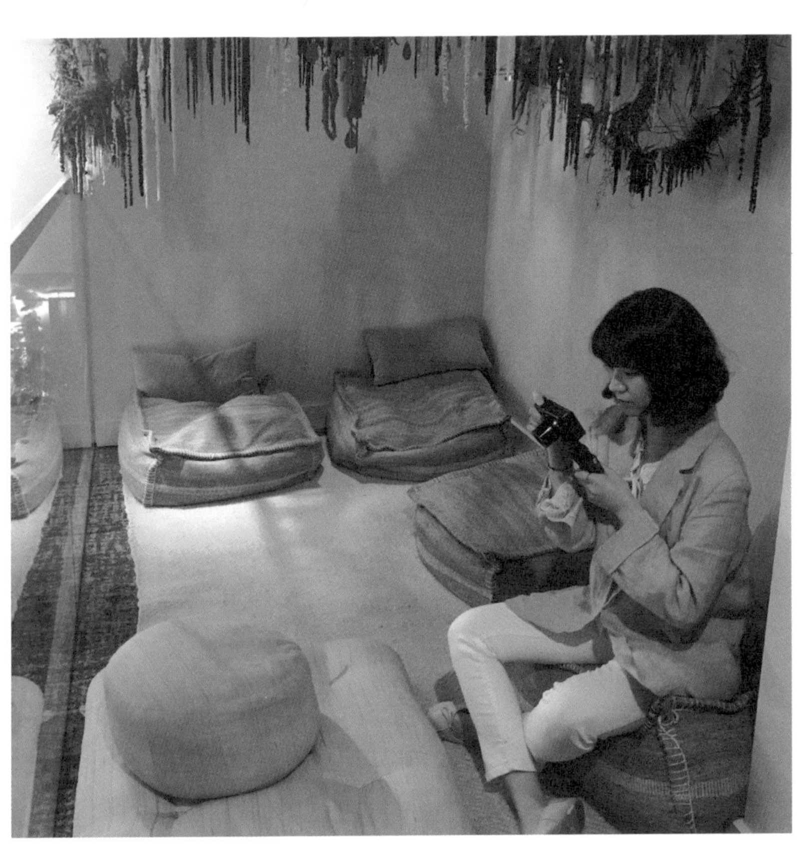

마침내 10년 만에 지운 버킷리스트

이은지

한국에서의 나는 매일이 치열함의 연속이었다. 눈을 뜨면 몇 주 전부터 기약돼 있던 그날의 스케줄을 소화하기 바빴고, 그 와중에 내 콘텐츠를 만드는 일도 잊어서는 안 됐다. 당연히 엄마로서, 아내로서 역할도 충실히 해야 했다. 그렇게 하루하루 보내다 보니 내가 원하는 삶을 주체적으로 이끌어가지 못하고 그저 힘겹게 버티고만 있는 것 같았다. 무언가 하나만 어긋나도 폭발할 것처럼 위태로웠다.

내가 하고 싶은 일은 언제나 아이와 가정, 그날의 스케줄, 꼭 해야 하는 일 때문에 1순위에서 밀려났다. 그렇게 뉴욕에 가는 일은 매번 뒷전으로 미뤄져 10년씩이나 버킷리스트에서 지워지지 않았던 걸지도 모른다. 자기주도적인 삶을 꿈꾸는 사람들은 알 것이다. 자신이 진정으로 바라고 원하는 꿈은 점점 멀어지고 눈앞의 현실적인 일들만 급급하게 처리하는 게 얼마나 고통스러운지. 그 길의 끝에 다다르면 결국 나라는 자아를 잃어버릴 것만 같았다.

그러다가 우연히 감정에 휩싸여 뉴욕행을 결정했고, 운이 좋아 좋은 파트너를 만나고 후원까지 받게 됐다. 나는 그 과정만으로도 꿈꾸듯 행복했고, 마침내 뉴욕으로 떠나게 되자 잊고 있었던 설렘이 몰려왔다. 〈섹스 앤 더 시티〉의 주인공인 캐리가 뉴욕에 입성해 가난한 글쟁이에서 전도유망한 작가가 되기까지의 여정을 동경하던 나로서는 뉴욕이란 도시가 어쩌면 나에게도 새로운 기회와 성장의 장이 될지도 모른다는 막연한 믿음마저 있었다.

그곳에 가면 뭔가 있을지도 몰라.
그곳에 가면 또 다른 기회와 만날지도 몰라.

처음 뉴욕에 도착했을 때는 집도 없고, 인터뷰나 코워킹 스페이스 투어 등 해야 할 일이 산더미처럼 쌓여 있던 터라 하루하루 어떤 기분인지 느낄 새도 없이 정신없이 흘러갔다. 그러던 중 아주 우연히 브루클린 브릿지를 건너며 마침내 내가 찾던 답을 찾을 수 있었다.

브루클린 브릿지는 여행자라면 반드시 방문하는 관광지지만, 정작 현지인들은 잘 가지 않는 곳이다. 우리나라에서는 〈무한도전〉 뉴욕 편에 멤버들이 덤보 지역에서 화보를 촬영하는 장면이 나오면서 유명해졌다. 게다가 이 곳은 〈원스 어폰 어 타임 인 아메리카〉나 〈인턴〉 등 뉴욕을 배경으로 하는 영화라면 꼭 한 번씩은 등장한다. 한 번쯤 봤던 장소지만 뉴욕행을 결심하지 않았다면 죽을 때까지 내 두 눈으로 담기에는 불가능한 곳.

운 좋게 브루클린 브릿지를 건너던 때, 하늘에 서서히 보랏빛이 깔리기 시작했고, 다리를 건너면서 보라색이 점점 짙어졌다. 브루클린에서부터 시작해 점점 어두워져가는 하늘과 대비되게 화려한 조명이 하나둘 켜지는 맨해튼으로 걸어 들어가며, 어쩌면 저 다리 끝에서 내가 그토록 바랐던 또 다른 기회와 변화에 대한 답을 찾을지도 모른다는 생각이 들었다. 그리고 마침내 뉴욕 도심에 도착하자 황홀한 기분이 몰아쳤다.

그것은 뉴욕이 생각했던 것보다 너무 멋져서도 아니고 보랏빛 노을이 눈부시게 아름다워서도 아니었다. 마침내 꿈을 이루는 그 찰나의 순간과 마주했기 때문이었다. 그토록 원했건만 이루기 쉽지 않았던, 현실에 휩쓸려 매일 밀려야만 했던 나의 꿈 뉴욕이 드디어 눈앞에 있었다. 눈 깜짝할 사이에 오랫동안 바라만 왔던 버킷리스트 하나가 지워졌고, 그 빈자리에는 마침내 꿈을 이룬 나만이 존재했다.

그렇게 다리 끝에 도달한 순간 알게 되었다. 막연하게 기대했던 다리 끝에서 새로운 기회와 맞닿을 수 있냐는 물음에 아무도 답변해 주지 않음을. 다리를 건너는 내내 '내게 뭔가 답을 줘. 다음은 어디로 향해야 할지, 내가 이렇게 사는 게 맞는지 정답을 알려줘'라고 수백 번을 되뇌었지만, 그 끝에서 아무런 깨달음도 찾을 수 없었다.

진짜 나 자신과 마주하고 캐리처럼 성장할 기회의 발판을 뉴욕에서 찾을 거라는 믿음은 어리석었는지도 모른다. 평생을 디지털 노마드라는 이름으로 전 세계를 돌아다니면서도 끝끝내 내가 기대하는 무언가는 아무 곳에도 없을지 모른다. 꿈을 이루는 순간은 찰나고 그 끝에는 허무함만이 밀려올지도 모른다. 남는 건 오로지 꿈을 좇던 과정 속의 나일 뿐. 이것이 꿈과 마주한 내가 오늘 이 브루클린 다리를 건너며 어렵게 받아들여야만 하는 진실이었다.

카메라 렌즈가 아닌 두 눈으로 바라본 뉴욕

황고운

나에게 제주도 한 달 살기가 힘든 기억으로 남은 이유 중 하나는 바로 '사진'이었다.

"언니, 눈으로 본 것보다, 카메라 렌즈로 본 게 더 많은 것 같아요. 제주의 풍경이 어땠는지 기억나지 않아요."

은 사장에게 이런 말을 하면서 굉장히 아쉽고 슬펐다. 한번은 짚라인 타는 곳을 촬영해야 했는데, 둘 다 가기에는 시간이 부족해서 혼자 셀카봉을 들고 타기도 했다. 모르는 사람들 틈에서 나 홀로 촬영해야 한다는 부담감과 민망스러움은 아직도 생생하다. 그날 이름 모를 부부께서 내가 짚라인 타는 모습을 대신 찍어주셨다. 나는 이런 여행을 좋아하지 않는다. 감상은 사라지고 보이는 사실만 남는다. 하지만 일과 여행을 분리할 줄 몰랐던 당시 나에게 제주도는 우울함과 괴로움 그 자체였다.

뉴욕에서는 결코 이런 일이 반복되지 않길 바랐지만 어느 순간, 나는 또다시 조그마한 카메라 렌즈로 거대한 뉴욕을 바라보고 있었다. 사진을 제대로 배운 적도 없고, 복잡한 카메라를 조정하는 방법도 뉴욕으로 떠나오기 전 20~30분 정도 배운 게 전부인 나에게 콘텐츠 30개를 사진으로 담아야 하는 업무는 아주 큰 부담이었다. 날이 흐린 어느 날은 수십, 수백 번 셔터를 눌러댔음에도 마음에 드는 사진이 한 장도 나오지 않았다. 실내가 굉장히 어두운 코워킹 스페이스를 촬영했을 때는 모든 사진이 흔들려서 나오기도 했다. 그날은 하루 종일 우울해져서 은 사장이 나에게 말도 걸 수 없을 만큼 높은 예민지수를 기록했다.

어느덧 내 기분은 날씨에 따라, 사진의 결과물에 따라 좌지우지되고 있었다. 빛이 좋은 날은 쉴 새 없이 사진을 찍느라 카메라 화면만 바라봤고, 날이 흐린 날은 잘 찍히지 않는 사진을 다시 돌려보며 우울해했다. 그러다 문득, '이대로는 안 되겠다'는 생각이 들었다.

왜 나는 이 아름다운 도시를 고작 손톱만 한 렌즈 구멍을 통해서만 바라보려는 걸까? 어깨가 결리도록 무거운 카메라를 들고 다니는 나에게 남는 건 무엇일까?

그 이후로, 촬영이 없는 날은 카메라를 숙소에 두고 나오기 시작했다. 진짜 내가 원하고 바라는 여행. 보이는 것 말고, 느끼는 것이 남는 순간을 즐기기 위해서였다. 그러자 내 눈에 더 아름다운 피사체들이 서서히 들어왔다. 시간별로 변해버리는 하늘의 색과 구름. 귀여운 민트색 민소매를 입고 싱그럽게 빛나는 웃음을 짓는 금발의 아주머니. 반짝이는 거리의 신호등과 신호를 기다리는 자동차까지.

눈으로 보이는 게 다가 아니었다. 온 신경을 카메라 렌즈에만 집중하고 있을 때는 듣지 못했던 소리도 들려왔다. 꽉 막힌 도로에서 아무도 클랙슨을 울리지 않을 때의 고요한 분주함. 또 바람이 불 때 느껴지는 공기의 온도. 봄에서 여름으로 넘어가는 따뜻하고 보드라운 느낌이었다. 지나가던 카페에서 나는 커피향과 뒤섞인 뉴욕의 이국적인 향기까지.

알고 보니 작은 렌즈 구멍 밖으로는 더 많은 것이 숨 쉬고 있었다. 지난 제주에서 놓쳐버린 것들을 뉴욕에서는 꼭 붙잡아야지 생각했다. 멈춰주지 않고 기다려주지 않는 이 시간. 또 지금이 아니면 들을 수 없는 소리와 풍경과 향기와 온도까지. 가득가득 채워서 아끼지 말고 흠뻑 취해서 돌아가야겠다.

나의 뉴욕을 카메라 렌즈보다 더 큰 두 눈과 마음으로 담아야지.

낭만적인 순간을 선물해준, 한여름밤의 재즈바

황고운

영화 〈비긴 어게인〉에서 내가 가장 좋아하는 장면은 주인공 댄과 그레테가 이어폰을 나눠 끼고 음악을 들으며 뉴욕의 거리를 거니는 장면이다. 뉴욕 곳곳을 누비며 음악에 취한 남자 주인공 댄은 이런 말을 한다. 음악을 들으면 가장 따분한 순간마저도 갑자기 의미가 생기고, 평범한 일상도 아름답게 빛나는 진주로 바뀐다고.

그랬다. 어떤 공간이든, 음악과 함께한다면 그 모든 순간은 진주처럼 빛날 수 있다. 나는 그 장면 하나로 뉴욕과 음악에 대한 환상을 품었다.

뉴욕은 특히 재즈바가 많기로 유명하다. 그래서 뉴욕에 오기 전, 가보고 싶은 재즈바를 스무 곳 넘게 찾아두었다. 고급스러운 루프탑 재즈바, 빈티지한 로컬 분위기의 재즈바, 공중전화 부스를 지나 들어가야 하는 독특한 곳까지. 정말 다양한 재즈바들이 있었다. 매일 하나씩 방문해도 다 못 가겠다는 생각에 떠나기 전부터 엄청난 기대를 품고 있었다.

내가 처음으로 재즈바에 간 날은, 뉴욕에서 만난 한 남자와 데이트하는 날이었다. 음악에 관심이 많았던 우리는 함께 웨스트빌리지에 있는 재즈바에 갔다. 맨해튼 서쪽의 웨스트빌리지에는 아기자기한 상점이나 분위기 좋은 레스토랑이 많았다. 재즈바들이 모인 골목에는 거리 곳곳에 큰 나무들이 즐비했다. 우리는 그 중 '라 렌터나(La Lanterna)'라는 재즈바에 갔다. 안쪽 정원에는 큰 조명이 가득해 밤이 되면 그윽한 분위기가 더해졌다. 정원에 앉아 와인을 한 잔 시켰다. 재즈 공연은 매일 저녁 8시 반, 10시 반에 지하에서 볼 수 있었다. 라 렌터나는 데이트하기에 딱 좋은 분위기였다. 푸른 나무가 늘어선 골목의 재즈바, 아늑하고 로맨틱한 조명, 지하에서 울려 퍼지는 재즈 음악까지. 누구든 사랑에 빠질 수 있는 곳이었다.

JOEL FRAHM
QUARTET
LIVE AT SMALLS
THE FLAIL
LIVE AT SMALLS
DAVID
SCHNITTER
LIVE AT SMALLS
TIM RIES
SMALLS
RODNEY GREEN
LIVE AT SMALLS
HAROLD MABERN
PETER BERNSTEIN
GUITAR
LIVE AT SMALLS
THEO
HILL

MEZZROW

smalls
smalls

LIVE
JAZZ
&
55 BAR
EST. 1919
BLUES
7 NIGHTS
A WEEK

나는 재즈바의 매력을 은 사장에게도 전해주고 싶었다. 그녀는 재즈에 큰 흥미를 보이진 않았지만, 촬영을 핑계로 웨스트빌리지를 다시 찾았다. '메즈로(Mezzrow)'는 원래 가려던 재즈바의 공연 시간을 잘못 알아 급하게 찾은 곳이었다. 어두컴컴한 지하로 들어가자, 깊숙한 곳에서 음악이 들려왔다. 낮고 잔잔하게 깔리는 소리였다. 위스키를 한 잔 시키고 공연을 보기 시작했다. 중절모를 쓴 할아버지는 능숙하게 기타를 연주했고, 백발의 할아버지는 여유롭게 베이스를 쳤다. 영화 〈라라랜드〉가 떠올랐다. 주인공인 세바스찬은, 재즈는 충돌이 있으면 화해도 있는 꿈이라며 매 순간이 새롭다고 말했다. 두 명의 연주자는 각자 연주하며 대화를 주고받고, 서로 미소를 지어 보이다가 가볍게 충돌하기도 했다. 그러다 합이 맞으면 관객석까지 엄청난 전율이 전해졌다. 이게 바로 재즈의 매력이구나 싶었다. 잔잔히 들리는 음악에 파묻혀 있자니 더 이상 시간은 아무 의미가 없었다.

며칠 뒤 우리는 웨스트빌리지에 다시 들렀다. 마지막으로 갔던 '55bar'는 한국에서 날아 온 친구와 함께 간 곳이었다. 같이 피자에 맥주를 먹다가 즉흥적으로 가게 되었는데, 방문한 재즈바 중 가장 마음에 들었다. 입장료도 받지 않는 매우 조그마한 로컬 분위기의 재즈바였다. 9시가 되기 전 들어갔고, 바에 앉아 맥주를 주문했다. 친구는 처음 보는 재즈 공연이 신기한지 한껏 들뜬 표정이었다. 이곳에서는 바로 1미터 거리에서 공연을 볼 수 있었다. 기타와 피아노, 드럼이라는 흔한 조합으로 황홀한 음색이 만들어졌다.

기타 소리는 부드럽고 섬세했지만 강한 울림으로 우리의 귀와 마음에 닿았다. 연주하는 사람들은 행복해 보였고, 그 행복이 그들이 만드는 선율에도 전해지는 듯했다. 절로 웃음이 났다. 우리 앞에 앉은 한 할아버지는 어깨를 들썩이며 공연 사진을 찍었다. 할머니와 데이트를 오신 모양이었다. 다정하고 귀여운 모습. 문득 나도 저렇게 늙어가고 싶어졌다. 옆을 흘깃 보자 어린아이처럼 천진하게 공연을 즐기는 친구의 모습이 들어왔다. 누군가의 소중하고 행복한 순간을 내가 함께 할 수 있다는 건 참 귀한 일이라고, 새삼 생각했다.

재즈바를 다녀오고 집으로 돌아갈 때마다 같이 오고 싶은 사람들이 떠올랐다. 왜 그럴 때가 있잖아. 너무 아름다운 곳에 갔을 때 누군가 떠오른다면 그게 사랑일 수도 있지 않을까? 여름밤의 재즈바, 이 공간을 즐기는 사람들은 너무 귀엽고 사랑스러웠다. 낭만은 바로 여기에 있었고, 이런 행복한 순간들을 내 인생에 많이 선물해줘야겠다는 생각이 들었다.

뉴욕에서 일어난 기적 같은 일

이은지

페이스북에서 이런 글을 본 적이 있다. 좋아하는 배우를 만나기 위해 해외로 떠났고, 마침내 그들을 만나서 인증샷을 찍어 올렸다는 것. 사람들은 너무나도 익숙한 배우들과 한국인 소녀가 함께 있는 사진에 열광하며 3만 개 가까운 '좋아요'를 눌렀다. 그때 문득 이런 생각이 들었다.

'재밌어 보여. 나도 해보고 싶어.'

동경하는 사람을 직접 만난다는 건 누가 봐도 꿈만 같고 멋진 일이 분명했다. 그때만 해도 나에게 이런 멋진 영광의 순간이 오리라고는 생각하지 못했다.

정처 없이 맨해튼을 떠돌던 어느 날이었다. 동생이 '반스앤노블(Barnes & Noble)'이라는 미국에서 가장 큰 서점에 한번 가보자며 우리를 이끌었다. 영어가 유창하지 않아서 썩 내키지는 않았지만, 일단 그녀의 손에 이끌려 서점으로 향했다.

하지만 '영알못'인 우리에게 서점이란 곳은 정말 거리가 먼 공간이었다. 괜히 머리만 아프겠다는 생각이 들었는데 1층에 들어선 순간 카운터에 붙은 큰 포스터가 눈에 띄었다. 포스터에는 〈섹스 앤 더 시티〉의 주인공 캐리의 사진도 포함되어 있었다! 나는 동생에게 얼른 해석해달라고 졸랐다.

알고 보니 며칠 뒤에 이곳에서 열리는 작가 간담회에 초대 손님으로 캐리가 온다는 것 아닌가? 그 말을 듣자마자 너무 놀라 머릿속이 복잡해졌다. 캐리가 서점에 온다고? 하필? 내가 뉴욕에 있는 지금 그녀가 온다고? 어쩌면 그녀를 볼 수 있을지도 모르는 건가? 동생은 어쩔 줄 모르는 나에게, 달력에 표시해두었다가 당일에 늦지 말고 꼭 오라고 당부했다.

하지만 숙소에서 멀리 떨어진 이곳까지 다시 온다는 게 쉬운 일은 아니어서, 이때만 해도 꼭 와야겠다는 마음보다 시간이 맞으면 들러야겠다는 생각이 더 컸다. 캐리 덕분에 뉴욕에 대한 막연한 환상을 품었지만 태어나서 덕질 한 번 안 해본 나에게 누군가를 보기 위해 몸을 움직이는 일은 흔치 않았다. 하지만 정작 당일이 되어 알람이 울리자 나는 뭔가에 홀린 듯 재빨리 준비하고 고운이와 함께 허겁지겁 다시 서점으로 향했다.

행사장의 2층에 들어서자마자 한쪽을 가득 채운 사람들이 보였다. 한 사람을 보기 위해 이렇게 많은 사람이 모였다는 사실이 새삼스럽게 너무 놀라웠다. 그리고 몇 분 뒤 캐리가 입장하는 순간, 나는 그만 자리에서 벌떡 일어나 소리를 "꽥" 질렀다. 실물로 본 그녀는 상상만큼 사랑스러웠다. 그녀의 입에서 흘러나오는 목소리는 TV에서 듣던 것과 똑같았다. 지금 내 눈앞에는 〈섹스 앤 더 시티〉의 주인공 캐리가 있고, 나는 그녀에게 손을 내밀고 악수를 해달라고 청한다. 이 모든 일이 비현실적이었다. 바글바글 몰려든 사람들 틈에서도 그녀는 내 핸드폰을 바라보고 크게 웃어주었고, 나는 그 미소를 영상에 담은 것만으로도 뉴욕에 온 목표를 모두 달성한 것만 같았다.

Lunch
Special
any Heros
Only
$7.50

DRINKS

TODAY!
Events
Fatima Farheen Mirza
& Sarah Jessica Parker
A
PLACE
FOR US

Stand
clear of
moving
platform

캐리는 아주 짧은 시간 얼굴을 비춘 뒤 돌아갔다. 그럼에도 나는 캐리를 만났다는 들뜬 기분이 금세 사라지지 않아 어안이 벙벙했다. 뒤에서 지켜보던 고운이에게 달려가 내가 방금 캐리를 봤다고, 그녀가 얼마나 사랑스러웠는지, 내 심장이 얼마나 뛰었는지 아냐면서 어린아이처럼 방방 뛰며 조잘댔다. 얼마나 기분이 좋았는지 돌아오는 길에 버스킹 아티스트에게 공연비도 내고, 소호의 아무 레스토랑에 들어가 가장 비싼 와인을 두 병이나 시켜 부어댔다.

평소 좋아하던 연예인을 만난다는 게 이런 느낌일까? 아니야. 그것보다 더 멋진 일이었다. 그녀는 그저 좋아하는 연예인이 아니라 나를 뉴욕으로 오도록 한 씨앗이었기 때문이다. 드라마에서 그녀는 낯선 뉴욕 땅으로 흘러들어와 고군분투하며 온갖 사건을 겪었다. 결혼하기로 한 남자친구에게 파혼당했고, 잘 진행되던 프로젝트가 엎어지기도 했다. 그럼에도 매번 브런치 카페에서 절친들과 함께 아침을 맞이했고 그런 씩씩한 모습이 나는 좋았다.

캐리는 너무나도 여리고 귀여운 여성이었지만, 어떤 것도 뚫고 나가는 자신감으로 하루하루를 충실하게 보냈고, 마침내 작가로서 영향력 있는 사람이 되었다. 그런 그녀를 보며 나도 먼 훗날 무언가를 대표하는 사람이 되고 싶다는 꿈을 꾸었다. 그것이 디지털 노마드 프로젝트를 시작하고 우리들의 소식을 알리게 된 에너지의 원천이었다. 비록 그녀는 뉴욕에 있지만 나는 한국에서 그녀처럼 커리어와 사랑을 멋지게 쟁취해가는 사람이고 싶었다.

그 오랜 바람대로 오늘 그녀를 내 눈으로 담으며 다시 결심했다. 영어 하나 못하고 연고 하나 없지만 언젠가 뉴욕을 오가며 일할 수 있는 사람이 되겠다고, 그리고 누군가에게 영감과 영향력을 끼칠 수 있는 사람으로 우뚝 서겠다고. 오늘은 우연히 캐리를 만났지만, 다음에는 필연으로 캐리를 만나길 꿈꿔본다.

내 평생 가장 아름다운 노을을 선물받다

황고운

6월의 뉴욕은 정확히 저녁 8시 30분이면 해가 진다. 우리는 매일 그 시간이 되면 노을을 볼 수 있는 곳으로 뛰쳐나갔다. 서른 번의 일몰 중, 가장 아름다웠던 노을은 한국으로 돌아오기 바로 전날 웨스트빌리지 옆 워싱턴 스퀘어 파크에서 본 보랏빛 하늘이었다. 단연 내 평생을 통틀어 가장 아름다웠다. 웨스트빌리지는 맨해튼의 상류층 동네다. 미드의 배경으로 등장할 법한 분위기에 예쁜 상점이나 재즈바, 분위기 좋은 레스토랑이 많아서 우리도 이곳을 꽤 자주 들렀다. 특히 워싱턴 스퀘어 파크는 우리가 제일 좋아하는 공원이었다.

다음 날 한국으로 돌아가야 했기에 그날은 마음이 많이 복잡했다. 이제 다시는 이곳에 올 수 없다고 생각하자 씁쓸함이 밀려왔다. 하루 종일 기념품을 사느라 저녁도 먹지 못했지만, 이곳에서의 마지막 일몰을 놓칠 수는 없었다. 우리는 30분만 배고픔을 참자며 공원으로 달려갔다. 게다가 그날은 해가 지기 전부터 하늘이 심상치 않았다. 엄청난 광경이 펼쳐질 것 같은 느낌이었다.

예감은 적중했다. 그날의 노을은 아직도 눈에 아른거릴 정도로 선명하다. 웨스트빌리지의 거리를 지나 푸른 나무가 우거진 워싱턴 스퀘어 파크가 펼쳐지는 바로 그 순간, 우리는 말을 이을 수 없었다. 하늘은 온통 보랏빛이었고, 핑크색 구름이 물감처럼 퍼져 있었다. 뉴욕의 고층 건물과 나무들이 어우러진 공원에는 누군가의 기타 소리가 울려 퍼졌다. 아이들은 뛰어 다니며 비눗방울을 날리고 있었다. 살면서 본 하늘 중 가장 아름다운 색이었고, 풍경이었다. 그림에 재능이 있었다면 이 모습을 그렸을 텐데!

우리는 일단 눈앞에 보이는 벤치에 앉았다. 이어폰을 귀에 꽂고 주위를 둘러보자 강아지와 함께 산책하는 사람, 사랑하는 연인과 누워 낮잠을 청하는 사람, 여느 가수보다 좋은 음색으로 공연하는 뮤지션, 그 앞에서 엉덩이를 흔들며 춤을 추는 어린아이가 보였다. 이 풍경

속에 우리가 함께 들어와 있다는 사실이 황홀했다. 이 순간을 위해 그토록 열심히 달려왔구나.

이곳 사람들은 이렇게 화려하고 바쁘게 흘러가는 도시에서, 어떻게 저런 여유를 안고 살아갈까? 한 달 동안 뉴욕에 머무르며 보았던 몇 장면이 머릿속을 스쳤다. 인터넷이 잘 터지지 않는 지하철에서 조용한 목소리로 서로 대화를 나누는 사람들, 공원에서 강아지와 산책하고, 한참 동안 책을 읽는 사람들. 강아지들은 낮잠을 자고 풀 냄새를 맡고 다른 강아지와 장난치며 나름대로 공원을 즐겼다.

한국에서 강아지를 산책시킬 때면 30분 정도 달리듯 걷다 지쳐서 집으로 돌아가곤 했다. 어쩌다 한강으로 피크닉을 가면 치킨이랑 맥주를 바리바리 싸 들고 가 돗자리 자리를 차지하기 위해 분주했고, 인증샷을 남기기 위해 이리저리 구도를 옮기며 사진을 찍었다. 나는 왜 쉬러 간 그곳에서 하늘 한 번 쳐다보지 못했을까.

한국에서도 아름다운 노을이 있었을 것이다. 어쩌면 이미 여러 번 경험했을지도 모른다. 흔하디 흔한 해 지는 모습이 왜 지금에서야 우리에게 이렇게 황홀할까. 하늘은 그대로인데…. 아마도 내 마음이 달라진 게 아닐까.

어느 강의에서 “내 삶을 행복으로 가득 채우려면 내가 언제 기쁜지 알아야 한다”는 말을 들은 적이 있다. 일상에서 어떤 순간에 행복함을 느끼는지 말이다. 그 이후로 나는 일상 속에서 어떤 행복을 느끼는지 메모장에 끄적이는 습관을 시작했다. 하루 중에도 그런 순간이 꽤 있었다. 먹고 싶던 파스타를 사서 집으로 들어갈 때, 우연히 좋은 음악을 발견했을 때, 비가 오기 직전에 나는 비 냄새를 맡을 때, 술술 읽히는 책을 발견했을 때. 그 중에서도 날이 따뜻한 날 일몰을 보는 순간이 가장 첫 번째였다.

나는 어느새 하루에 30분도 채 안 되는, 그 짧은 순간을 손꼽아 기다리고 있었다. 분초마다 색이 변하고, 매일매일 달라지는 하늘을 눈으로, 마음으로 담고 싶었다. 작은 변화도 놓치지 않기 위해 아무 생각 없이 하늘만 바라보았다. 머릿속을 비운 채 마음이 벅차오는 느낌이 좋았다.

답은 간단했다. 한국에서는 아무 생각 없이 마음이 벅차오르는 시간을 누릴 여유가 없었다. 나는 공원에서 본 사람들처럼 여유로운 마음으로, 작은 일상의 행복으로 나의 삶을 가득 채우고 싶다. 해 지는 노을을 보며 몽실몽실해지는 마음에 집중하는 오늘을 보내고 싶다.

때로는 내가 좋아하는 것을 발견하기 위해 어떤 순간을 탕진할 여유나 바쁜 일상과 거리를 두는 작업이 필요하다.

무언가를 발견하기 위한 선택지가 반드시 여행일 필요는 없다. 각자 자기만의 방식을 찾아가면 된다. 어쩌면 나 역시 분주한 속도에 떠밀려 살다 보면 뉴욕의 노을을 자주 잊을 것이다. 하지만 괜찮다. 한국에도 노을은 있으니까. 매일 볼 수 있는 그 풍경을 만나기 위해 기다리는 동안 나는 나의 하루에 온전히 집중할 수 있다.

THE RED LION

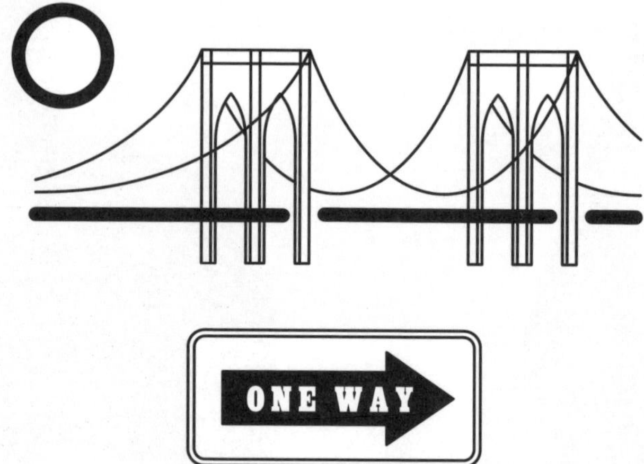
ONE WAY

3장

new york

뉴요커
들이
일하는
공간에서

BKBS: 건강과 일, 놀이가 공존하는 암벽 등반 사무실

황고운

이번 프로젝트의 핵심은 코워킹 스페이스 탐방이었다. 디지털 노마드로 살아가는 우리는 노트북만 있으면 어디서든 일할 수 있다. 그런 사람들이 가장 많이 모인 곳이 바로 코워킹 스페이스다. 뉴욕에서는 특히 우리나라보다 훨씬 많은 사람이 코워킹 스페이스를 이용하고, 그만큼 활발하게 운영 중인 코워킹 스페이스가 많다. 자유로운 환경에서 일하는 게 당연시되는 문화이기 때문이다.

그 중 'BKBS(Brooklyn Boulders)'는 우리가 가장 먼저 방문한 곳이

었다. 뉴욕, LA, 매사추세츠 등에 다섯 개 지점이 있는 BKBS는 뉴욕에 오기 전 개인적으로 가장 흥미를 느낀 곳이기도 했다. 정적인 분위기의 다른 코워킹 스페이스와는 달리, 이곳은 사진 한 장만으로도 역동적이고 활기찬 분위기를 풍겼다. 독특하게도 암벽등반 전문 체인 회사에서 만든 공간이었기 때문이다.

우버를 타고 도착해서 본 첫인상은 의외였다.

'이런 곳에 코워킹 스페이스가 있다고?'

네모난 사무실 건물이 줄지어 있었고, 거리는 한적했다. 하지만 문을 열고 들어가자 바깥과는 완전히 다른 세계가 펼쳐졌다. 입구에는 클라이밍 용품부터 다양한 굿즈를 파는 조그마한 가게가 있고, 오른쪽에 안내 데스크가 있었다. 1개월 이용료가 135달러인 이곳에는 암벽등반 입문 패키지가 따로 있었고, 장비 대여도 가능했다. 클라이밍 센터와 일하는 공간이 합쳐져 있어, 한쪽에서 암벽을 타는 사람들도 보였다.

곧이어 갈색 머리의 미소가 아름다운 매니저 니콜이 우리를 반겨주었다. 그녀가 오늘 우리에게 이 공간을 소개할 파트너였다.

CLIMB
UN
PLUG
CATCH
ME

본격적으로 공간을 둘러보기 시작했다. 전체 공간은 입구가 있는 1층과 지하 2층까지 총 3층을 사용할 만큼 넓었다. BKBS는 일하는 공간보다는 '라이프 스타일'에 더 집중했다. 세 명의 창업자가 투자를 받아 2009년 첫 번째 지점을 오픈했는데, 단순히 일만 하기보다 자유롭게 놀 수 있는 사무실을 만드는 것이 목적이었다. 그래서 암벽등반뿐 아니라 헬스, 요가, 탁구 등 다양한 액티비티를 할 수 있는 기구도 갖춰져 있었다. 복도 곳곳에는 한층 더 활기찬 분위기를 북돋워주는 예술가의 작품도 전시되어 있었다.

주위를 둘러보니 가족 단위로 오는 사람들도 꽤 많았다. 함께 클라이밍을 즐기며 서로 줄을 잡아주고, 대화를 나누기도 했다. 클라이밍은 세련된 올 블랙 이미지의 맨해튼보다 예술적이고 개성 넘치는 브루클린 지역과 더 잘 어울리는 운동 같았다. BKBS는 이러한 지역 감성에 일조한다는 자부심이 있는 공간이었다. 니콜은 개성이라는 게 꼭 문신이나 피어싱을 해야 나오는 것은 아니라고 말했다. 외형보다는 '남의 눈을 신경 쓰지 않는 자유로운 마인드'가 더 중요하다는 뜻이었다. 그래서인지 이 공간을 찾는 사람들에게는 독특한 감성이 풍겨나왔다. 실제로도 예술가나 사진작가 등 창의적인 직업을 가진 사람들이 많이 온다고 했다.

인터뷰를 하고 알게 된 건, BKBS는 커뮤니티에 굉장히 집중하고 있다는 사실이었다. 여기서 만난 사람들은 커뮤니티를 만들어 클라이밍뿐 아니라 다양한 것을 함께 시도했다. 비즈니스적인 활동 이외에도 서로의 삶을 자연스럽게 공유하며 인간적인 관계를 맺었다. 아이들과 함께하는 쿠킹 클래스를 열기도 했다. 이렇게 BKBS를 구심점으로 공동체가 형성되면서 자연스럽게 일하는 공간까지 만들어졌다.

생각해보면 모든 게 다 연결되어 있다. 이곳에 찾아오는 사람들은 '일'이 아닌 '라이프'를 더 중요시한다. 암벽등반을 하는 사람들도 본업이 있고, 그 일을 즐겁고 건강하게 하기 위해 자신의 다른 일상을 돌보는 것이다. 그러다 보니 이곳에서는 요리부터 파티 등 다양한 이벤트와 각종 전시를 진행한다. 운동을 하며 건강을 챙기고, 곳곳에 비치한 예술 작품에서 영감을 받아 그 영향으로 더 좋은 에너지를 만들고 창의적인 일을 하는 것이다.

사람이라면 누구나 환경에 많은 영향을 받는다. 누구를 만나고, 무엇을 먹고, 어떤 것을 경험하느냐에 따라 인생이 달라진다. 일도 마찬가지다. 어떤 사람과 어떤 공간에서 일하느냐에 따라 능력의 폭과 결과물이 역시 달라진다. BKBS는 그 점을 아주 잘 알고 있는 듯했다. 자유롭고 즐거운 분위기는 업무에서의 창의성을 높여준다. 건강과

일, 그리고 놀이가 공존하고 매력적인 사람과 함께 일할 수 있는 환경이 부러웠다. 우리가 끊임없이 고민하고 찾아 헤매는 삶을 실현해낸 그들의 삶에서 아주 반짝이는 성취를 이루는 나의 미래를 꿈꾼 날이었다.

BRIDGE

어셈블리지:
뉴요커들이 일하는
세상 멋진 공간을 소개합니다

이은지

뉴욕에서 본 코워킹 스페이스 중 내게 베스트는 바로 '어셈블리지(Assemblage)'였다. 아쉽게도 지금은 코로나로 인해 임시 휴업 상태지만, 그곳과의 만남은 지금까지 내 머릿속에 있던 일하는 공간에 대한 개념을 박살 냈다.

한국의 코워킹 스페이스는 입구에서부터 일하는 공간이 한눈에 보인다. 그래서 어떤 분위기인지 쉽게 짐작할 수 있다. 그런데 이곳은 호텔 프런트와 룸이 분리된 것처럼 입구가 따로 떨어져 있어서 내부 분위기를 도저히 짐작할 수 없었다. 오묘한 빛깔의 조명에 신비한 로고, 직원들의 독특한 의상을 보며 마치 고대의 은밀한 의식에 초대받은 느낌마저 들었다. 투어를 약속한 PR 매니저가 등장했을 때 그 생각은 확신으로 바뀌었다. 혹시 '비밀 사교 조직단'? 그런 엉뚱한 생각에 빠져들 찰나, 그녀는 라운지 공간으로 우리를 안내했다. 그리고 우리는 일제히 소리를 질렀다.

"Oh, shit!"

눈앞에 높다랗고, 광활하고, 몽환적인 판타지 세계 같은 공간이 드러났다. 여기저기 남녀노소 할 것 없이 자유롭게 앉아 있는 모습은 자유로운 영혼들의 집합체 같았다. 형이상학적인 기호와 살아 있는 버섯으로 가득한 기둥, 초록빛 싱그러운 식물들이 벽면 한가득 수놓인 모습은 마치 거대한 식물원 같은 느낌마저 자아냈다. 이곳이 코워킹 스페이스가 맞나 싶었다. 도대체 일하는 공간을 이렇게까지 꾸민 이유가 뭘까? 궁금증에 매니저에게 공간에 대한 소개를 부탁했다.

"이곳은 약 2600개의 식물로 채워져 있어요. 느끼셨을지 모르지만 우리는 식물의 싱그러움을 바라보고 공간에 함께 있는 것만으로도 건강해짐을 느끼죠. 우리는 이곳에서 사람들이 최상의 컨디션으로 일하기를 바라요. 코워킹 스페이스는 장시간 '일'을 해야 하는 공간이잖아요? 궁극적으로는 정신적, 육체적, 사회적으로 건강할 수 있도록

'웰니스'를 실현하는 게 우리의 목표예요. 기둥의 버섯은 아무 의미가 없어요. 단지 우리의 모토를 그렇게 표현했을 뿐이죠."

그들이 말하는 웰니스가 정확히 어떤 의미인지 단박에 이해하기는 어려웠다. 하지만 그들은 공간에 웰니스를 입히는 것을 중요하게 여겼고, 그들이 제공하는 모든 서비스 역시 그것이 기반이었다. 그리고 곳곳에서 그들의 철학을 발견할 수 있었다.

코워킹 라운지 옆에는 오픈형 주방이 있었다. 그 공간 역시 식물들로 가득했고, 제공되는 식사 모두 유기농으로 초록빛이 넘쳐났다. 먹어보지는 않았지만 분명 건강에 좋을 것 같았다. 식사는 품질을 유지하기 위해 당일 오전에 그 지역의 가장 신선한 재료들을 직접 구매해 만들었다. 식단은 채식주의자들을 위주로 하고 있었는데 육식주의자인 나조차 먹음직스러워 보일 정도로 수준이 높았다. 단순히 식사를 제공하는 것 이상으로 웰니스의 정신이 담겨 있었다.

어셈블리지는 법조인부터 심리학자, PR 전문가, 크리에이터 등 다양한 직종의 사람들이 이용한다. 멤버십 비용은 천차만별이지만, 그들이 누릴 수 있는 혜택은 정말 다양했다. 명상, 요가에서부터 스토리텔링, 사운드 힐링 수업 등 회원들의 정신 건강을 돌보는 프로그램이 다양하게 갖춰져 있었다. 또 이런 프로그램에 쉽게 참여할 수 있도록 곳곳에 명상실, 수면실, 요가실 등 목적에 맞는 공간을 만들어두었다. 요가 자세로 일하는 사람이나 바닥에 누워서 노트북을 보는 사람도 볼 수 있었는데, 어쩐지 그들의 모습에서는 조금도 어색함이 느껴지지 않았다.

가장 위층에는 파티룸 같은 공간이 있었다. 이곳의 바에서는 음료를 만드는 매니저들이 회원들의 몸 상태에 맞게 약초를 조합해 음료를 제조해준다. 나에게는 그들이 이런 서비스를 제공하는 것도 놀라웠지만, 그 계기 또한 평범하지 않았다.

"우리는 사람들에게 이런저런 서비스를 제공 중이라고 늘어놓고 싶지 않아요. 단지 우리의 멤버들이 최상의 컨디션에서 일하기를 바랄 뿐이에요. 이 음료를 마셔도 좋고 마시지 않아도 좋아요. 단지 우리가 그들에게 더 일하기 좋은 환경을 만들기 위해 노력한다는 것을 온몸으로 느끼게 해주고 싶었어요."

그녀의 설명을 듣고 나니 도대체 창업자는 무슨 생각으로 이런 공간을 만들었는지 더욱 궁금해졌다.

★

아니나 다를까 이 공간이 탄생하기까지 특별한 이야기가 숨어 있었다. 어셈블리지의 공동창업자 중 한 명인 로드리고 니뇨는 젊은 나이에 암에 걸려 치유를 위해 페루로 떠나게 되었다. 그리고 그곳에서 다양한 치료법과 삶의 방식을 경험했다고 한다. 그때의 경험을 바탕으로 '정신적, 육체적인 건강함이 더 나은 삶을 살게 한다'는 모토를 다른 사람과 나누고 싶다는 본인의 꿈을 실현하기 위해 이 공간을 만든 것이었다. 또한 회사를 설립하고 400억이라는 어마어마한 금액도 투자받았다. 나는 이 사실을 마주하고 머리부터 발끝까지 소름이 돋았다. 자신의 강력한 경험을 실현하기 위해 그런 큰돈을 끌어오다니. 무서울 정도로 뜨거운 도전 정신이었다. 꿈에 미쳤다고 할 수밖에 없었다. 그런데 동생은 내 이야기를 듣고 이렇게 말했다.

"언니, 이게 미국식이야. 미국인들은 다른 사람 눈치를 별로 안 봐. 그냥 자기가 하고 싶은 거 다 하지. 하고 싶은 게 있고, 돈도 있으니까 '나 이거 해볼래'가 가능하지. 한국 사람들이 미친 거 아니냐고 생각할 만한 일들이 펼쳐지는 곳이 미국이야."

게다가 이 거대한 꿈은 여기가 끝이 아니었다. 그들은 일하는 공간을 넘어 쉴 수 있는 공간, 즉 호텔까지 만들어냈다.

몇 달 전 새롭게 문을 연 어셈블리지 호텔은 2, 3층에 코워킹 스페이스를 두고, 그 위층부터 객실을 배치했다. 서비스는 코워킹 스페이스 지점과 같지만, 숙박 공간이 존재한다는 것이 가장 큰 차이점이다. 대부분의 룸에는 기존의 호텔과 달리 부엌과 책상이 있다. 일하며 머무르는 공간이라는 특징을 살려 필요한 시설을 필수로 배치한 것이다. 그들은 이곳이 일과 휴식이 가능한 집 같은 공간이 되기를 바라는 마음을 구조와 시설에 담았다.

인간을 수단이 아닌 목적으로 대하는 그들의 수준 높은 접근법은 놀라웠다. 나는 어셈블리지를 둘러보며 '사업자들이 고객에게 다가가는 방식을 달리하면 어떨까' 하는 생각이 들었다. '무엇이 더 잘 팔릴까?'라는 단순한 질문보다는 '무엇이 사람들의 삶을 더 나아지게 할까?' 고민하는 것이다. 그러다 보면 당장 눈앞의 수익을 놓치더라도 시간이 지나면 점점 자신의 필요를 잘 아는 고객들이 먼저 찾아오지 않을까? 어셈블리지는 최상의 서비스를 제공하지만, 그것만이 그들의 매력이라고 하지 않는다. 단지 한결같이 말할 뿐이다.

"당신이 더 나은 삶을 살 수 있도록 우리가 돕겠다."

꿈과 거대 자본이 만나 마침내 세상에 없는 것을 창조해내는 뉴욕의 어셈블리지를 통해 끝없는 자극의 파도에 올라탔던 어느 날이었다.

톰슨 스퀘어:
크리에이티브한 사람은
어디서 일할까?

이은지

한국에서 디지털 노마드로 살며 아쉬웠던 점은 단 한 가지다. 같은 일을 하는 사람들끼리 모이는 공간이 없다는 것. 프리랜서로 혼자 일하며 먹고사는 나 같은 사람들은 히키코모리 성향이 짙다. 밖으로 나갈 일도 별로 없어서 우울증에 걸리기도 쉽다. 그러다가 같은 업종에서 일하는 사람을 만나면 어찌나 반갑던지. 수다로 밤을 새울 수 있을 지경이다. 만나면 좋겠다는 말조차 위로가 되지만, 만남의 허브 공간이 없다는 점은 여러모로 아쉽다. 그래서 나중에 돈을 많이 번다면 나와 같은 사람들이 뭉칠 수 있는 공간을 만들고 싶다는 큰 꿈이 있다. 하지만 어느 세월에 '돈을 많이' 벌 수 있을지….

그런데 뉴욕에 나의 버킷리스트를 실현한 공간이 있었다. 바로 '톰슨 스퀘어(Thompson Square)'다. 뉴욕의 소호 지역을 좋아하는 건축 회사 출신 대표가 만든 곳으로, 커뮤니티 형성이 목적인 공간이었다. 그는 소호에 창의적인 일을 하는 비슷한 직업군의 사람들이 만나는 장소를 만들고 싶었다고 한다. 이곳은 열정 넘치는 스타트업들이 가득 입주한 다른 코워킹 스페이스보다는 조용한 공간이지만, 같은 일을 하는 사람들과 연결될 수 있다는 것이 매력적이었다. 게다가 소호만의 독특한 분위기까지 담아내고 있었다.

뉴욕의 코워킹 스페이스들은 대부분 입구와 라운지를 분리해두었는데, 그 때문에 입구에서부터 공간을 한눈에 볼 수는 없었지만 분위기를 짐작할 수 있는 단서들이 뿌려져 있다. 이곳도 마찬가지였다. 들어서자마자 호텔 로비를 통째로 옮겨온 듯한 세련된 분위기에 다소 생소한 느낌이 들었다. 화려하지만 과하지 않은 조명들, 미국의 상류층 집에서나 쓰일 법한 고풍스러운 가구들, 딱 봐도 비싸 보이는 재질의 소파, 유명한 화가가 그렸을 것 같은 미술 작품들 모두 일관성 있게 '이곳은 호텔 로비다'라는 메시지를 전달하는 것만 같았다. 장식품만 봐도 대표의 감각이 보통내기가 아님을 파악할 만큼 안목이 좋았고, 심지어 대표가 직접 제작한 장신구도 있었다. 라운지 옆에 있는 바는 호텔의 와인바 같은 그윽한 분위기를 자아냈다. 이런 전반적인 느낌이 기존의 코워킹 스페이스와는 전혀 달랐다.

사무실과 회의실도 마찬가지였다. 사무실은 의자나 테이블 등 비치된 가구가 세련되면서도 고급스러웠고, 각 방의 구조와 공간 구성 역시 심플하면서도 우아했다. 다른 코워킹 스페이스에는 일하기 좋은 테이블과 의자를 가져다두었다면, 이곳은 가구 전문 디자인숍에서 볼 법한 의자와 테이블을 비치했다. 회원으로 가입하면 가구의 위치를 자유롭게 바꾸는 것이 허용된다.

이곳에서 가장 마음에 들었던 곳은 바로 미팅룸이다. 미팅룸은 오픈된 형태와 프라이빗한 형태 두 가지로 나뉜다. 오픈형 미팅룸은 럭셔리한 분위기를 강조하기 위해 샹들리에를 활용했고, 테이블과 의자 같은 가구도 모두 고급스러움에 초점이 맞춰져 있었다. 프라이빗 미팅룸은 마치 중세 유럽을 배경으로 귀족들의 이야기를 다룬 고전 영화에서나 볼 법한 비밀스러운 티룸 같은 공간이었다. 한 손에는 시가를 들고 다른 한 손에는 값비싼 홍차를 들고 이야기를 나누기에 더없이 좋을 만했다. 명작 영화 세트장 하나를 통째로 옮겨온 느낌. 만약 이런 곳에서 일을 한다면 누구든 설득할 자신이 들었고, 분위기에 취해 양쪽 모두에게 특별한 만남이 될 것만 같았다. 이뿐만인 아니라 사업적인 면에서도 여타 다른 코워킹 스페이스와 차별점이 분명히 존재했다.

톰슨 스퀘어의 멤버십 비용은 레벨에 따라 천차만별이다. 오후 7시까지 라운지를 자유롭게 이용할 수 있는 클럽 멤버십은 1개월에 250달러로 가장 저렴한데, 다른 지점인 LA점까지 함께 이용하고 싶다면 350불을 지불하면 된다. 단, 오후 7시가 넘으면 공간을 사용할 수 없다는 제약이 따른다.

스튜디오 멤버십은 자기만의 사무실을 단독으로 사용할 수 있다. 사이즈에 따라 두 명부터 열두 명까지 수용 가능한 인원이 다르다. 작은 사무실은 8000달러, 큰 사무실은 8500달러다. 스튜디오 멤버는 라운지와 개인 사무실 모두 24시간 사용이 가능하다.

라운지는 넓진 않지만 가구를 모두 치우면 100여 명 정도 수용 가능하다고 했다. 공간만으로도 충분히 매력적이기 때문에 라운지를 따로 빌려주어 추가 수익을 올리고 있었다. 소호의 노른자 땅에 위치해 시간당 600달러를 받고 최대 5시간까지 공간을 대여해준다고 한다. 이곳에서는 세미나부터 시작해 생일파티, 웨딩 리허설 등 다양한 이벤트들이 진행되고 있었다. 공간 임대뿐 아니라 케이터링 업체 연결, 행사 진행 등 추가 서비스를 함께 제공해 만족도를 높였다. LA 지점은 소호 지점보다 공간이 훨씬 넓어 인플루언서나 연예인의 파티 장소로 주로 이용하기 때문에 라운지 대여만으로도 꽤 높은 수익을 올리고 있었다.

톰슨 스퀘어의 프라이빗한 콘셉트는 회원을 택하는 기준에서 여실히 드러났다. 그들은 이 공간을 창의적인 직업을 가진 사람들을 위해 만든 공간이라고 말했다. 그러다 보니 창의성을 존중하는 분위기가 곳곳에서 나타났다. 확실히 스튜디오 회원 중에는 건축이나 요가, 광고 분야 등에서 일하는 사람들이 꽤 많았다. 운영자들은 톰슨 스퀘어에 창의적인 사람들이 많이 들어오길 원했다. 이를 위해 스튜디오 회원을 최대한 선별해서 뽑는다고 했다. 자연스럽게 그들끼리 네트워크를 형성해 함께 새로운 일을 도모하기도 한다. 멤버십에 다양한 혜택이 있는 건 아니지만 '크리에이티브'라는 공통의 키워드를 가진 사람들이 모일 수 있는 공간으로 만들어가는 중이었다.

톰슨 스퀘어야말로 한국에서 가장 벤치마킹하기 좋은, 현실적인 코워킹 스페이스라는 생각이 들었다. 그들은 이 공간이 코워킹 클럽으로 불리기를 원했는데, 그 이유는 이곳이 일에 초점이 맞춰져 있다기보다 회원들이 함께하는 공간에 가깝기 때문이다. 모르는 사람들과 단순히 같은 공간에 놓인 게 아니라, 공통의 관심사를 가진 사람들이 함께 모여 있음으로써 그 공간에 의미가 부여된다고 믿는다.

'클럽'이라는 개념은 공통 관심사가 있는 사람들이 어떤 장소를 공유하는 것이다. 무언가에 소속되어 있고 대화가 통하는 이들과 함께하는 커뮤니티가 중시되는 공간이 클럽이다. 예를 들어 하버드 클럽이라고 하면 하버드 동문이 편하게 왔다 갔다 하면서 선후배들이 연결되는 장을 말한다. 그러다 보니 보통 이런 클럽은 이용자가 소속감을 느끼고 자랑스럽게 여긴다고. 한국은 아직까지 기존의 사무실을 대체한 곳으로서의 코워킹 스페이스가 주를 이룬다. 살롱이나 북클럽, 취미 커뮤니티 등 긍정적인 시도들이 있지만 아직까지 확실하게 공통의 키워드로 공간을 제대로 엮어낸 곳은 많지 않았다.

한국에서 코워킹 스페이스가 사무 공간만 대체한다면 분명 한계가 있다. 우리나라에는 사무실을 임대해 사업을 벌이는 사람들보다 직장인이 훨씬 많기 때문이다. 따라서 클럽이라는 개념을 스페이스에 도입한다면 장기적으로 코워킹 스페이스가 살아남고, 확장될 가능성이 높다. 이런 공간은 연령대나 성별로 한정하기보다 공통의 라이프스타일을 향유하는 사람들끼리 묶어주는 편이 좋다. 반려견을 키우는 사람들의 모임, 또는 어셈블리지처럼 건강한 삶을 추구하는 웰니스인들의 모임 등 공통의 관심사를 발견하면 사람들이 계속해서 공간을 찾을 수밖에 없을 것이다.

EXIT

이러한 커뮤니티는 삶을 대하는 태도가 비슷한 사람들끼리 모여 있으므로 함께 성장하는 '교류'에 초점이 맞춰져 있다. 톰슨 스퀘어는 창의적인 사람들이 모이는 클럽으로 기능하고, 그들이 좋아하는 특유의 고급스러움과 프라이빗을 공간 콘셉트로 잡은 점이 유효하게 작용했다. 최근 미국에서는 영향력 있는 사람들, 일 벌이기 좋아하는 사람들이 자신과 비슷한 사람들과 함께 모이는 공간을 만들기 시작했는데, 이런 점에서 어떤 관심사를 택할 것인가 못지않게 그 장소를 만든 이의 인맥이나 전문성 역시 성공 여부에 큰 영향을 미칠 듯하다.

시간이 지나서 나라는 사람이 좀 더 명확해지면, 나도 나와 같은 사람들과 함께 향유할 수 있는 우리만의 공간을 만들고 싶다. 나와 더 비슷한 사람들, 그들이 한곳에 모여 더 나은 삶을 함께 살아가기 위해 말이다.

인더스트리어스: 가장 핫한 코워킹 스페이스

이은지

내가 미국으로 떠나올 당시만 해도 '위워크'는 한국에서 가장 핫한 코워킹 스페이스였다. 물론 코로나와 각종 이유로 현재는 규모가 많이 줄었다고 하지만, 몇 년 전까지는 스타트업 업계의 모두가 위워크로의 입주를 꿈꿨다. 나는 뉴욕의 대표 코워킹 스페이스는 어떤 느낌일지, 어떤 공간들이 또 매력적일지 알고 싶었다. 그에 가장 부합하는 회사가 바로 '인더스트리어스(Industrious)'였다. 미국에 34개 지점을 보유하고 있으며, 각 지점들이 그 지역의 분위기를 반영해 모두 다른 개성들이 꽃 피는 공간. 이곳은 어떤 매력을 가지고 있을까?

우리는 인더스트리어스의 지점 두 곳을 방문했다. 한 곳은 미국의 중심지 월가 지점, 다른 한 곳은 브루클린 지점이었다. 월가 지점은 역세권에 위치해 있었고, 땅값이 비싼 지역인 만큼 공간이 넓은 편은 아니었다. 하지만 공간의 매력은 확실히 돋보였다. 화려하진 않지만, 확실히 일하는 공간에 초점이 맞춰져 있었다. 마치 비즈니스 호텔 버전의 사무실 느낌이랄까.

브루클린 지점은 아티스트들이 많은 지역 분위기에 맞춰 네트워크나 커뮤니티를 중시했고, 공간의 콘셉트 또한 자유로움이었다. 이 지점의 가장 독특했던 점은 '마더스 룸'이었다. 워킹맘을 배려해 전화 부스와 수면실을 마련해두어 아이와 함께 쉬거나 수유를 할 수 있었다. 다양한 사람들의 라이프 스타일을 고려하지 않고는 탄생할 수 없는 공간이었다. 마케팅의 한 요소라 하더라도 누군가는 이런 세심함에서 충분히 감동받을 만했다.

한마디로 월가 지점이 '일(work)'에 초점이 맞춰져 있다면 브루클린 지점은 '창조성(creativity)'에 초점이 맞춰진 느낌이었다. 또 월가 지점이 현대적인 비즈니스 호텔 같은 느낌이라면 브루클린 지점은 커다란 요새 같았다. 거친 벽면을 굳이 다듬지 않아 투박하면서도 의외로 잘 정돈된 인테리어는 '힙'한 느낌을 주었다.

인더스트리어스 또한 뉴욕의 다른 코워킹 스페이스처럼 그들만의 확고한 철학이 있는 회사였다. 어셈블리지가 추구하는 웰니스와는 다른 그들만의 방향성이 분명 존재했다.

몇몇 코워킹 스페이스 매니저들은 공간을 소개할 때 네트워킹이나 커뮤니티에 대한 이야기를 종종 꺼냈다. 아울러 입주자들끼리 공간 안에서 어떻게 친목을 다지고 교류하며, 어떤 프로그램이 있는지 등을 설명했다. 그런데 인더스트리어스는 달랐다. 그들은 이곳을 '일할 수 있는 공간'으로 만드는 데 집중하고, 회원들이 '최상의 상태로 결과물을 만드는 것'이야말로 자신들의 목표라고 말했다. 이를 반영하듯 인더스트리어스의 로고인 꿀벌 모양은 열심히 일하는 사람을 상징한다고 한다. 로고부터 시작해 공간의 분위기, 인테리어 등이 얼마나 일관성 있게 일에 집중할 수 있는 상태를 만들어주는지 피부로 느낄 수 있었다.

호텔에서 고객 감동 서비스(호스피탈리티)를 제공하듯 그들은 이 공간을 이용하는 사람들에게 최상의 서비스를 제공하는 것이 목적이라고 말했다. 이 공간을 자기만의 오피스처럼 편안하게 느낄 수 있도록 많은 피드백을 받고, 이를 반영해 지속적으로 업데이트한 서비스들을 제공한다고 했다. 이런 부분은 월가 지점보다는 식사를 포함해 다양한 편의를 제공하는 브루클린 지점에서 훨씬 명확하게 경험할 수 있었다.

인더스트리어스에서는 촬영이 불가능했다. 공간을 찍고, 활용하기 위해서는 반드시 마케팅팀의 동의가 필요했기 때문이다. 그것은 지점 담당자가 결정할 수 없는 문제였다. 투어는 누구에게나 열려 있었음에도 인더스트리어스를 깊이 들여다보기에는 한계가 있었다. 또 원데이 티켓을 이용해 외부인이 하루 정도 공간을 사용하는 서비스도 제공하지 않았는데, 이 모든 것이 입주사들을 방해하지 않으면서 한편으로 그들만의 정체성을 지키기 위함이었다.

35개의 지점을 보유하고 있는 인더스트리어스는 두 명의 창업자가 단순히 멋있는 사무실에서 미팅을 하고 싶다는 아이디어를 기반으로 공간을 만들었다. 이후 그 수익성을 인정받아 800억 달러의 대규모 투자를 받기도 했다. 인테리어가 상당히 편안하면서도 완성된 세련미를 보여주어 혹시 창업자가 건축이나 설계 관련 일을 하는지 물었더니 내부에 디자인팀이 따로 있어 그들이 각 지점의 콘셉트와 디자인을 결정하는 일을 한다고 답했다. 역시나 어느 정도 규모가 있는 브랜드이다 보니 완성도를 위해 각 부분마다 중요한 것을 결정하는 부서가 따로 존재했다.

매니저들은 계속해서 지점마다 콘셉트가 다르고, 로컬의 분위기를 반영한다고 말했지만, 그들의 설명을 듣지 않아도 공간에 들어서는 순간 지점별로 다른 특색이 눈에 띄었다. 같은 회사임에도 각각의 지점이 다른 모습이라는 사실은 상당히 흥미로웠다. 그럼에도 일하는 분위기를 만드는 데 집중한다는 메시지는 일관성 있게 두 개의 지점 모두에서 볼 수 있었다.

브랜드의 가치를 유지하면서 여러 가지 모습을 보여주는 일. 그런 게 한국에서도 가능할까? 어떤 브랜드가 그런 일을 해낼 수 있을까? 한국이라는 작은 시장에서 다양한 색을 담는 게 의미 있는 비즈니스일까? 여러 니즈가 있는 다문화 사회인 미국에서나 가능한 일이 아닐까? 이를 한국 사회에 맞는 모습으로 어떻게 변형하고 적용하면 좋을까?

사업을 시작하고 여러 가지 일을 벌이다 보면, 좋아 보이는 것은 무엇이든 섞고 싶은 욕심이 생기기도 한다. 하지만 그렇게 모든 것을 다 집어넣으면, 결국은 아무 매력 없이 형태를 알 수 없는 칙칙한 색이 나온다.

스타벅스 하면 커피와 초록색이 떠오르듯 일과 일하는 공간이라는 중요한 두 가지에만 집중한 인더스트리어스. 확고한 장점을 돋보이게 하면 사람이든 브랜드든 매력적이라는 사실을 다시 한번 느낀 하루였다.

프라이머리:
모두가 친절하지만은 않은 도시,
뉴욕

황고운

맨해튼 남쪽에 위치한 월스트리트는 뉴욕의 금융 밀집 구역이다. 세계적인 금융의 중심지라고 불릴 만큼 높고 번쩍거리는 건물과 분주한 발걸음의 사람들이 가득하다. 지하철에서 올라와 처음 마주한 월스트리트의 풍경은 차가웠고 꽤 낯설었다. 어쩌면 이날 들렀던 코워킹 스페이스 '프라이머리(Primary)'에서의 경험이 좋지 않은 인상으로 남아서 그럴지도 모르겠다.

프라이머리 건물은 월스트리트 황소상 바로 앞에 있었다. 황소상은 월스트리트의 대표적인 조형물로 황소의 소중한 부위를 만지면

부를 누릴 수 있다는 미신 때문에 여행객들이 줄을 서서 찾는다. 우리는 길게 늘어서 있던 중국인들 틈을 헤집고 프라이머리 입구로 들어섰다.

고개가 뒤로 꺾일 만큼 젖혀도 꼭대기가 보이지 않는 높은 건물이었다. 로비에 들어서자 내부를 장식한 금색 조명들 때문인지 으리으리한 전시장에 들어온 기분이었지만, 엘리베이터를 타고 프라이머리로 올라가자 도회적인 사무실이 나타났다. 이곳은 월가 한복판, 게다가 가장 전망 좋은 방에서는 자유의 여신상도 보였다. 입이 딱 벌어졌다. 뉴욕에서 처음이자 마지막으로 자유의 여신상을 본 곳이 코워킹 스페이스라니. 이렇게 멋진 전망을 보며 일을 하면 어떤 기분일까? 위치 하나만으로도 엄청난 강점을 지닌 곳이었다.

위치가 워낙 좋다 보니, 프라이머리에는 능력 있는 고객들이 많았다. 특히 월스트리트답게 금융계에서 프리랜서로 일하는 사람들로 북적였다. 함께 일하는 사람들이 서로에게 얼마나 많은 영향을 주는지 잘 아는 우리로서는 이곳이 꽤 흥미롭기도, 부럽기도 했다. 예상대로 프라이머리에서는 다양한 교류 프로그램을 진행하고 있었다. 그런 모임을 잘 활용하면 세계적인 금융의 심장에서 일하는 많은 사람과 소통할 수 있을 것 같았다.

EXIT

프라이머리는 위워크에서 오랫동안 근무한 커플이 퇴사 후 만들었다. 그들은 도심 한가운데에서 굳이 건물을 벗어나지 않더라도 일, 식사, 명상이나 요가 같은 휴식 등 건강하게 생활할 수 있는 환경을 만들고 싶었다고 한다. 그래서 회원들을 위한 다양한 프로그램을 개발하고, 건강하게 일할 수 있는 환경을 구축해나가고 있었다. 다만 우리는 어쩐지 분주하게 돌아가는 이곳을 짧게 경험하는 동안 그 장점을 충분히 누릴 수 없었다.

뉴욕에 오기 전, 우리는 여러 코워킹 스페이스에 미리 메일을 돌려 탐방을 신청했다. 그리고 프라이머리에서는 대표가 직접 공간을 안내해주는 것으로 회신을 받았다. 그러나 당일에 우리를 맞은 사람은 매니저였고, 그녀는 공간에 대해 깊이 있는 설명을 해주지 않은 채 우리를 빨리 돌려보내려고 했다. 취재를 나온 입장에서는 사진도 많이 찍고, 이곳의 스토리를 잘 알아야 더 좋은 글로 보답할 수 있을 텐데 우리를 대하는 매니저의 태도는 많이 아쉬웠다. 아울러 이렇게 화려하고 좋은 의미를 담은 공간을 구석구석 경험해볼 수 없어서 안타까웠다.

뉴욕이라는 도시가 늘 화려하게 빛나는 것은 아니었다. 동경하던 대로 행복만 넘치는 곳은 더더욱 아니었다. 우리는 종종 동양인이라는 이유로 차별을 당했고, 여자라는 이유로 성희롱을 겪었다. 모두가 분주한 발걸음을 옮길 때 혼자 목적 없이 거리를 걷다 보면 한국에서와는 비교할 수 없는 외로움이 몰려왔다. 문득 예전에 봤던 영화 〈미드나잇 인 파리〉 속 대사가 생각났다. 세월이 흐르면 시시하고 천박한 것이 신비롭고 흥미로운 존재가 되기도 한다는 대사.

이건 단지 과거로부터의 낭만에만 해당하는 말이 아니었다. 파리나 뉴욕처럼 어떤 도시에서 오는 낭만, 이루어지지 못한 사랑일 수도 있다. 우리는 겪어보지 못한 시절, 공간, 사람에 대해 '환상'을 갖고 있다. 하지만 그게 현실로 다가오면 생각지 못한 불친절에 실망하기도 한다. 그럼에도 우리는 다시 환상을 품고, 계속해서 무언가를 동경하고 사랑한다. 내가 뉴욕을 사랑하는 건, 항상 친절한 도시가 아닐지라도, 늘 화려할 수 없을지라도 이곳에서만 가질 수 있는 낭만적인 순간이 있기 때문이 아닐까 싶다.

에이스 호텔:
디지털 노마드의 '힙' 터지는 성지

이은지

언제부터인가 나는 '힙'이라는 단어를 참 좋아하게 됐다. 힙한 패션, 힙한 공간, 힙한 카페. 힙한 것들을 구태여 찾아다니지는 않았지만, 이 단어에는 분명 듣기만 해도 가슴을 뛰게 하는 무언가가 존재했다. 그리고 마침내 나는 '에이스 호텔(Ace Hotel)'을 방문함으로써 디지털 노마드의 힙이란 무엇인가를 제대로 느낄 수 있었다.

나는 브루클린 지역을 돌아다니는 내내 이곳이야말로 힙이라는 것이 터지다 못해 힙으로 찢어버린 곳이라고 외쳐댔다. 그러나 그 어떤 곳도 에이스 호텔이 가진 고유한 분위기에는 비할 바가 아니었다.

한국의 부티크 호텔에 가까운 에이스 호텔은 1층 로비를 코워킹 스페이스로 개방해 투숙객이 아니더라도 누구나 들어와 일할 수 있는 공간으로 사용하고 있었다. 경영자는 이러한 결정을 내리기까지 많은 고민을 했을 것이다. 그리고 그의 결정은 탁월했다. 에이스 호텔은 1층 로비를 개방함으로써 이곳에 가보고 싶은 모든 사람에게 방문 기회를 제공하기 때문이다. 이러한 특수성 덕분에 많은 사람의 입에 오르내릴 수 있게 되었다. 이것은 오직 자유로운 정신으로 '개방'한 자만이 취할 수 있는 혜택! 그리고 이것이 비수기에도 87퍼센트의 숙박률을 달성하는 에이스 호텔만의 비결이 아닐까?

게다가 에이스 호텔 라운지의 분위기는 다른 호텔과도 달랐다. 단지 화려한 웰컴 데스크가 있어서도 아니었고, 유명 브랜드들이 입점한 편집숍이 있어서도 아니었다. 이곳의 진짜 매력은 이 공간을 채우는 사람들이었다.

에이스 호텔의 1층에서는 내가 상상했던 뉴요커들을 한눈에 볼 수 있었는데, 맨해튼의 길거리에서 수없이 스쳐간 비즈니스맨들과는 옷차림부터 분위기까지 모든 것이 달랐다. 방금 전까지 서핑을 하다 온 것 같은 사람이 있는가 하면, 스티브 잡스가 즐겨 입었을 듯한 검은 티셔츠를 입고 업무에 집중하는 이도 있었다. 친구들과 농구를 즐기다가 온 것 같은 차림의 사람도, 마치 타투이스트처럼 온몸을 타투로 덮은 이도 있었다. 민소매 사이로 튀어나와 가려지지 않는 그의 타투들은 '이곳에는 힙한 사람들이 모인다'라는 느낌을 자아내고 있었다.

이 공간을 메우는 사람들은 각기 다른 개성이 있었지만, 그 모습들이 한 공간에 어우러진 모습은 마치 여러 아티스트의 작품을 한곳에 모은 전시회장 같았다. 전시회 이름은 'Other & With(따로 또 같이)' 정도일까? 이런 쓸데없는 생각을 하며 나는 이 공간을 채운 사람들의 공통점을 한 가지 발견했다.

바로 이곳의 거의 모든 사람이 맥북을 사용하고 있다는 점이다. 이 사실은 나를 흥분시켰는데, 나 또한 '앱등이'이기 때문이다. 나는 지금까지 애플 제품을 사는 데 무려 2000만 원 이상을 썼다. 단지 애플 제품이 아름답고 모든 기기가 호환되어 편리하다는 단순한 이유만은 아니다.

내가 어떤 브랜드를 고집하는 것은 브랜드가 가진 고유의 정체성과 브랜드의 메시지가 내가 꿈꾸는 삶의 모습과 맞닿아 있기 때문이다. 나는 애플이 말하는 혁신적이고 창의적이며 독보적인 생각들을 지향하고, 애플이 실제로 그런 것들을 만들어내는 브랜드라고 생각한다. 이것이 애플의 힙한 정체성이고, 이 공간에 모인 우리 모두가 이

메시지에 공감한 게 아닐까?

나는 계속해서 이 공간에 모인 사람들과 나와의 접점, 애플과 에이스 호텔의 연관성, 힙한 브랜드란 무엇인가 등 쓸데없는 생각들을 늘어놓았다. 그러던 중 옆에 앉은 외국인이 내 몸에 새겨진 타투가 멋있다며 사진을 찍어도 되냐고 물었다. 나는 그것이 타투가 아니라 헤나 스티커라고 조금 민망한 마음으로 설명했고, 그는 상관없이 멋지다고 말해줬다.

아, 정말, 이 자유로운 분위기. 누구와도 가까워지는 이 친화력.

그 후로도 나는 뉴욕에 머무는 동안 무려 세 번이나 에이스 호텔에 방문했다. 늘 새로운 사람들이 공간을 채우고 있었지만 언제 가도 좋았다. 아마 변하지 않는 단 하나의 사실 때문이었을 것이다.

'누구라도 환영이야. 원한다면 어서 와.'

개방감, 자유로움, 그 안에서 공존하며 개별적인 각자의 모습들. 나는 이곳에 머물며 새로운 것들을 경험하고, 그 공간과 사람들에게 어울리는 사람이란 걸 느끼고 싶어 뉴욕까지 오게 된 것 같다는 생각마저 들었다.

만약 누군가 디지털 노마드로서 뉴욕을 방문하고자 한다면 반드시 에이스 호텔만큼은 꼭 들러야 한다고 말해주고 싶다. 다른 세상의 디지털 노마드들은 어떻게 살아가는지 어떤 모습인지 느껴보고, 그 풍경 안에 나를 집어넣으며 그들과 같은 사람이라고 느끼는 황홀한 경험을 반드시 해보길 추천한다.

HOTEL

ONE WAY

4장

new york

뉴욕에서 만난 사람들

뉴욕에서의 로맨스, 낯선 남자와의 데이트

황고운

뉴욕 그리고 여행. 여기에 로맨스까지 더해진다면 이보다 더 낭만적일 수 있을까? 남의 연애 이야기만큼 재미난 건 없으니, 나의 설레는 일탈 하나를 이야기하려 한다.

뉴욕에 도착한 지 이틀째, 한 남자를 만났다. 우리가 뉴욕의 모든 것을 신기해하며 한껏 들떠 윌리엄스버그의 작은 골목에서 사진을 찍고 있을 때 그가 먼저 말을 걸어왔다. 유난히 하얀 피부에 동그란 눈, 웃는 모습이 참 귀여운 사람이었다.

뉴욕에서 10년간 유학했다는 그는, 우리에게 윌리엄스버그의 이곳저곳을 소개해주었다. 우리가 하는 일에도 굉장히 흥미를 보였다. 그날 그의 친구들과 함께 작은 펍에서 축구 경기를 보았다. 낯선 여행지에서 한국인을 마주하면, 왠지 모를 반가움과 이상한 동지애가 생긴다. 여행 초반부터 이런 신기한 경험을 하다니, 돌아오는 택시 안에서 이상하게 자꾸 웃음이 나왔다.

그리고 그날 밤 그에게 연락이 왔다. 좋은 콘텐츠가 될 만한 장소를 알려줄 테니 또 만나자는 것이었다. 은 사장은 한 번 보고 말지 뭘 또 만나냐고 했지만, 나는 어쩐지 다시 그를 만나고 싶었다. 하지만 지금은 평범한 여행 중이 아니었고, 일도 해야 하니 개인적인 마음은 잠시 접어두었다.

며칠 뒤 그는 주말에 한국으로 돌아간다며, 가기 전에 꼭 만나고 싶다고 한 번 더 연락을 해왔다. 나는 그와 데이트를 하기 위해 은 사장을 설득했다.

"언니~ 내가 언제 또 뉴욕에서 로맨틱하게 데이트를 하겠어요~ 나 그런 환상적인 경험을 꼭 한번 해보고 싶어요. 내 인생에 또 언제 이런 낭만적인 순간이 오겠어요?"

은 사장은 피식 웃으며 데이트를 허락해줬다.

LOVE
NEVER
GIVES
UP
C3BROOKLYN.COM
CHURCH FOR THE PEOPLE OF NYC

STADIUM CONVENIEN

우리는 한인타운에서 다시 만났다. 첫인상처럼 웃는 모습이 귀여웠고, 좋은 향수 냄새가 났다. 그는 거리를 걸으며 뉴욕의 생활에 대해 이야기해주었다. 어릴 때 유학을 와서 10년이라는 긴 시간 동안 많이 외로웠다고, 하지만 뉴욕은 여전히 너무나 사랑하는 도시라고. 그는 음악을 좋아하는 나를 본인이 좋아하는 레코드숍에 데리고 갔다. 내가 얼마 전에 CD플레이어를 샀다고 자랑했더니, 이름도 잘 기억나지 않는 흑인 가수의 앨범을 선물해주었다. 그리고 워싱턴 스퀘어 파크를 함께 걸었다. 길거리에서 그림을 파는 할아버지를 만나 작은 그림을 서로에게 골라주기도 했다. 왠지 그날의 장면은 그 그림처럼 내 머릿속에 선명하다. 하루 종일 날씨가 흐렸는데, 공원을 걸을 때만 날씨가 화창했다.

해가 저물 때쯤 작은 재즈바로 들어갔다. 15년 전 처음 뉴욕에 왔을 때 부모님과 함께 왔던 곳이라고 했다. 우리는 와인을 한 잔씩 시키고 음악과 사랑, 여행과 친구에 대해 많은 이야기를 나누었다. 좋아하는 가수의 뮤직비디오를 함께 보기도 했다. 재즈바에서 나오는 길에는 비가 추적추적 내렸다. 내가 좋아하는 비 냄새가 났다. 마치 영화를 한 편 찍은 것 같은 날이었다.

그날 밤, 잠이 잘 오지 않았다. 사진을 돌려보니 모든 순간마다 웃는 내가 있었다. 마치 딴 사람을 보듯 행복한 모습에 기분이 좋아졌다. 이런 감정이 무엇인지 모르겠지만, 사람들은 이런 짧은 기억을 차곡차곡 모아 평생을 살아가지 않을까. 그 사람과는 계속해서 인연이 이어지지 않았다. 여행할 때는 뭐든 더 로맨틱하고 좋아 보였지만, 일상으로 돌아오니 내 상상과는 많이 달랐기 때문이다.

하지만, 그럼에도 나는 그런 낭만적인 경험을 또 기대한다. 얼마 전 읽은 책 《사랑의 몽타주》에서는 설렘과 애틋함, 가슴 벅차는 감정을 억압하지 말라고, 더 많은 감정을 허락하는 삶을 살라고 말했다. 나는 그 충고를 깊이 새기고 충실히 따를 예정이다. 현실적인 조건, 일상적인 문제들을 다 무시한 채, 한 도시와 어떤 사람에게 푹 빠져보는 경험. 그 경험치는 내 여행을, 뉴욕을, 삶을 180도 달라지게 하기도 한다. 나는 이 아름다운 도시 뉴욕에서 더 많은 사람이 이러한 낭만을 경험하길 바란다. 여행지의 로맨스는 환상에 불과하다 말하는 이들에게, 그 환상이 이루어지는 날은 그 어느 때보다 짜릿할 거라 말해주고 싶다.

떠나고 싶을 때 아무나 훌쩍 떠날 수 있는 건 아니지

이은지

내가 인정하는 몇 안 되는 크리에이터들 중에 천재라고 부르는 녀석이 있다. 이름하여 '리뷰왕김리뷰'. 그가 만드는 콘텐츠는 기본이 '좋아요' 1만 , 어떤 게시물은 '좋아요' 10만을 훌쩍 넘길 정도로 시대가 사랑했다. 나는 콘텐츠를 잘 만드는 사람이라면 누구라도 존경하고 나이와 상관없이 꽤 친하게 지내는 편이다. 그 중에서도 리뷰는 내가 특별히 아끼는 동생 중 하나였다. 그런 그에게 고민이 생겼다. 진부하지만 반드시 답을 찾아야 하는 물음.

‘어떻게 살 것인가?’

내가 뉴욕으로 떠나올 당시부터 그는 삶에 고민이 많았고, 방황을 시작하더니 마침내 한국 곳곳을 돌며 ‘역마’라는 주제로 글을 써댔다. 사람들은 그가 쓴 글에 열광했지만 정작 그는 여전히 답을 찾지 못한 듯 보였다. 그렇게 이런저런 일상을 공유하던 중 나는 뉴욕으로 오게 되었고, 그의 근황이 궁금해 연락을 해봤다. 뉴욕이 어떤지 묻는 그의 말에 나는 한마디로 말했다.

“뉴욕 진짜 좋아. 나 지금 너무 행복해. 너도 와. 나 있을 때 와. 이때 아니면 언제 올래? 진짜 좋은 데만 데려가줄 테니까 얼른 빨리 와. 내가 정말 비싼 스테이크집도 데려갈 테니 그냥 와. 진짜 절대 후회 안 할 거야.”

나의 적극적인 초대가 통한 걸까? 그는 1분도 고민하지 않고 바로 알겠다며 비행기 표를 끊고 연락을 준다고 했다. 그리고 다음 날 그의 페이스북은 난리가 났다. ‘한국에서 매일 밤새서 게임하다가 낮밤이 바뀌어서 시차에 맞는 뉴욕으로 가겠다’며 비행기표를 인증한 글 때문이었다.

리뷰의 50만 팔로워들은 환호했다. 역시 또라이들끼리는 척하면

척이구나. 어디 옆집도 아닌 뉴욕을 오란다고 오다니. 하긴 뉴욕을 오라고 한 나는 뭐 제정신인가? 걔나 나나 정상이 아닌 채로 사는 것만은 분명했다. 어쨌든 그는 다음 날 비행기에 몸을 실었고, 나와 고운이는 그가 도착하면 어디를 데려갈지 미리 둘러보자는 핑계로 평소에 가고 싶었던 장소를 리스트업했다.

그렇게 향한 곳은 바로 윌리엄스버그의 유명한 클럽. 유부녀지만 뉴욕에서 클럽은 꼭 한 번쯤 가보고 싶었다. 콘텐츠 제작자니까 다양한 경험이 필요하다는 핑계로 합리화하며. 리뷰가 공항에 도착하기 전에 모든 일정을 마쳐야 했으므로 어쩔 수 없이 이른 시간에 방문했는데, 다들 불금을 즐기고 싶었는지 이미 줄이 상당히 길었다. 초조한 마음으로 줄을 서 들어간 우리는 빨리 취해야만 한다는 압박감에 순식간에 보드카를 샷으로 다섯 잔씩 마셔버렸다. 마지막 잔을 비운 우리는 마침내 루프탑으로 올라갔다.

하, 진짜.
나는 왜 이렇게 운이 좋은 사람이란 말인가.

하필 그날따라 날씨가 너무 쾌청한 탓에 붉은 노을이 엠파이어스

테이트 빌딩에 걸렸고, 뉴욕의 야경이 두 팔 벌려 나를 환영하고 있었다. 어째서 뉴욕은 매 순간 이렇게 멋진 걸까? 내가 이렇게 행복해도 되는 걸까? 어느새 나는 또다시 뉴욕뽕이 차올라 노을이 아름다운 것도 뉴욕이라는 이유 때문이라며 수시로 최면을 걸었다. 그렇게 노을에 취해, 보드카에 취해 부어라 마셔라 술을 들이켰다.

곧이어 노을은 사라지고 짙은 어둠이 깔리기 시작했다. 갑자기 감정이 일렁여서일까. 한국에 돌아가고 싶지 않았다. 이렇게 멋진 뉴욕에서 살다가 한국으로 돌아가서 과연 행복하게 지낼 수 있을까? 뉴욕에서는 모든 순간이 너무나 멋지고 완벽한데. 한국에서는 다시 노을이 존재하는지도 모르는 채 살아야 한다는 사실이 너무 두려웠다. 이 모든 기억과 감정이 신기루가 될 것 같아 조바심이 났다.

하지만 원하든 원치 않든 나는 한국으로 돌아가야만 한다. 그곳에는 내 딸과 남편이 기다리고 있고, 해야 할 다음 일들이 쌓여 있다. 약속한 콘텐츠도 만들어야만 한다. 12시를 목전에 둔 신데렐라가 이런 기분이었을까? 그렇게 아쉽고 복잡한 생각들을 하다 보니 어느덧 리뷰를 데리러 가야 할 시간이 되었고 우리는 급하게 우버를 타고 공항으로 출발했다.

PENN STATION
PENN STATION
West 31st St
LIRR

준비했던 팻말을 들고 있자니 곧이어 그가 나타났다. 양껏 취한 나는 리뷰를 힘껏 안아주며 반겼다. 첫 만남에 어색해하던 고운이와 리뷰도 또래인 덕분에 금세 말을 놓고 편해졌다. 돌아오는 우버에서 생각보다 영어를 잘하는 리뷰에게 시시껄렁한 농담을 던져대며 우리는 무사히 집까지 도착했다.

리뷰를 초대한 것은 충동적이었다. 나는 단지 이 멋진 뉴욕을 내가 아끼는 누군가와 나누고 싶었다. 게다가 리뷰는 뉴욕과 어울리는 낭만적인 사람이었다. 너무 좋다는 말 한마디에 고민 없이 한걸음에 달려왔으니까. 그렇게 리뷰는 우리 집 거실에서 하룻밤을 묵게 되었고, 우리는 아껴두었던 소주를 꺼내 마시며 밤새 이야기를 나누었다.

평범한 회사원이었다면 이렇게 훌쩍 떠나오는 것도, 후원을 받는 것도, 2천만 원이라는 돈을 들고 뉴욕에 오는 것도 불가능했을 것이다. 어쩌면 우리는 사람들이 쉽게 하지 않는 선택을 하고, 그 결과에서 비롯되는 영감으로 살아가니까 크리에이터가 될 수밖에 없는 게 아닐까? 우리처럼 평범하길 거부하고 하고 싶은 대로 살지만, 사랑은 받고 싶어 내 손으로 빚은 콘텐츠를 세상에 던지는 사람들은 10년 뒤에 과연 어떤 모습일까? 그때도 과연 가고 싶은 곳으로 마음껏 떠나올 수 있을까? 기분 내키는 대로 결정할 수 있는 열정을 그때까지 가지고 있을까?

한 치 앞을 모르지만, 이 순간 나와 같은 이가 여기 뉴욕에 함께 존재한다는 사실만으로 감사하고 위로가 되는 하루였음은 분명하다.

삶과 죽음을 이야기한, 리뷰와의 여행

황고운

리뷰는 나랑 겨우 한 살밖에 차이가 나지 않았다. 우리는 편하게 말을 놓았고, 만난 지 겨우 다섯 시간 만에 엄청난 친화력을 뽐내며 친구가 되었다. 여행지에서 새로운 친구를 사귄다는 건 신나는 일이었다.

다음 날, 뉴욕에 몇 주 정도 더 있었다는 이유로 나는 당당하게 가이드를 자처해 리뷰에게 뉴욕을 안내하기로 했다. 그에게 뉴욕을 알려줄 생각을 하니 마음이 들떴다. 우리는 같이 타임스퀘어도 보고, 센트럴파크에서 피크닉도 즐겼다. 리뷰는 어린아이처럼 즐거워했고, 그 반응에 우리도 덩달아 신이 났다.

친구에게 제일 보여주고 싶은 곳은 해 질 녘의 브루클린 브릿지. 오늘도 그곳은 여전히 아름다웠다. 리뷰는 은 사장과 마찬가지로 투머치토커였는데, 말수가 적은 내게 두 수다쟁이는 꽤 활기를 불어넣어 주었다. 하루 종일 둘의 수다를 듣다 보면 상당히 지치기는 했지만. 리뷰는 나와 나이는 비슷했지만, 생각이 많았고 철학적이고 진중한 질문을 많이 던졌다. 많은 말이 물 흐르듯 빠져나간 틈에서 아직도 선명하게 기억에 남은 대화가 하나 있다. 브루클린 브릿지를 걸으며 나눈 대화였다.

리뷰와 나는 인디음악을 좋아한다는 공통점이 있었다. 리뷰는 내게 가을방학의 〈가끔 미치도록 네가 안고 싶어질 때가 있어〉라는 곡을 아는지 물었다. 익숙한 곡이었다. 피아노 선율이 너무 예뻐 고등학생 때 한참 피아노로 연주하기도 했다. 당연히 알고 있다는 나에게 그가 다시 물었다.

"가사에 대해서 어떻게 생각해?"

지금은 함께하지 못하는 누군가가 그리워서 미치도록 안고 싶어질 때가 있다는 가사였는데, 흔한 이별 노래의 가사 같았다. 헤어진 남자친구를 향한 마음인가? 곰곰이 생각하는 나에게 리뷰가 말했다.

"작사가가 죽은 형을 생각하면서 쓴 가사래…."

그 말을 듣고 다시 노래를 들어보니 그랬다. 이별은 연인 사이에서만 적용되는 단어가 아니었다. 내 삶에도 크고 작은 이별들이 있었다. 어릴 적 할아버지가 돌아가셨을 때, 키우던 강아지가 무지개다리를 건넜을 때, 친한 친구가 먼저 하늘나라로 갔을 때. 너무 무서웠다. 다시는, 평생, 내가 사랑하는 누군가를 볼 수 없다는 사실에 마음 아팠다. 물론 죽음만이 이별의 전부는 아니었다. 전학을 갔을 때나 오래 살던 동네에서 이사하던 날에도 마음이 싱숭생숭했다. 연인과의 이별은 말할 필요도 없었다. 나는 한참을 말없이 걸었다. 앞으로도 내 삶에는 무수히 많은 이별이 기다리고 있겠지. 마음이 착잡했다. 리뷰는 복잡한 내 마음을 아는지 모르는지 덤덤하게 내 옆에서 함께 걸어주었다. 다리를 다 건너고 덤보에 앉아 해가 질 때까지, 우리는 그 음악을 계속해서 들었다. 하늘에는 손톱 같은 초승달이 떠 있었다.

다음 날, 리뷰와 함께 재즈바에 갔다. 전부터 가보고 싶었던 55bar라는 곳이었다. 오늘따라 리뷰의 표정이 더 좋았다. 재즈 공연이 너무 신이 났는지 입이 귀에 걸려 있었다. 눈앞에 펼쳐진 재즈 공연, 적당히 취기가 오른 채 듣는 음악에 우리는 황홀해졌다. 그때 리뷰가 말했다.

"죽는 순간 이 장면이 생각날 것 같아."

누군가의 행복한 추억에 내가 함께한다는 것, 어쩐지 가슴 뭉클한 일이었다.

그런데 집으로 돌아오는 지하철에서 리뷰가 말했다.

“나는 3년 뒤에 죽을 거야.”

내심 원망스러웠지만, 애써 덤덤한 척 대답했다.

“3년 동안 행복하게 살아야겠네.”

이기적이게도 그 순간 이 아이와 깊은 친구가 되지 말아야겠다고 다짐했다. 친구가 죽었을 때, 내가 받을 ‘상처’ 따위를 걱정하면서 말이다.

한국으로 돌아와 1년 후, 그 친구가 쓴 책을 읽다가 문득 그날의 결심이 떠올랐다. 그사이 리뷰는 꽤 멋진 친구를 만났는데, 사람이 사람에게 기적이 되었는지 그는 죽음이 아닌 삶을 이야기하고 있었다. 누구보다 어린아이 같은 솔직함과 순수함을 가진 리뷰. 그 친구에게 앞으로도 계속 더 큰 행복이 찾아와, 그 시절 못된 결심을 한 내 마음을 잔뜩 부끄럽게 해줬으면 좋겠다.

리뷰와의 여행은 나에게 또 다른 뉴욕이었다. 처음 본 낯선 친구와 며칠 동안 붙어 다니며, 삶과 죽음이라는 흔치 않은 소재로 이야기를 나눈 귀한 경험이었다. 무엇보다 행복한 추억을 공유할 수 있는 사이가 되었다는 건 더 귀한 일이었지만 말이다. 그 친구가 죽는 순간,

나와 함께 갔던 재즈바가 여전히 떠오를지 궁금하다. 우리 인생에 그런 날들이 많아진다면, 그 순간들을 떠올리고 추억하며 3년보다는 조금 더 오래 살게 되지 않을까? 그날을 떠올리니, 괜히 그런 희망을 품게 된다.

취향이 있는 자가
최고의 스토리텔러입니다

이은지

프리랜서 생활 7년 차부터는 내 수입이 몰라보게 달라졌다. 예전에는 한 달에 13만 원도 겨우 벌었는데, 어느 순간 콘텐츠 하나당 100만 원을 받다가 언제부터인가는 6개월 동안 매달 천만 원씩 벌며 풍요로운 생활을 누렸다. 원피스 한 벌 살 돈조차 없을 만큼 가난해서 구멍 난 티셔츠를 꿰매 입을 때도 있었건만 수입이 늘어나자 지금까지의 비루했던 시간을 보상이라도 받듯 줄기차게 백화점을 들락거렸다.

스트레스가 폭발할 것 같은 순간이 찾아오면 여지없이 백화점으로 향했다. 친구도 별로 없고 별다른 취미도 없었기 때문에 스트레스

해소용으로 할 줄 아는 거라고는 돈 쓰는 것밖에 없었다. 그러다 보니 자연스럽게 백화점 VIP가 되었고 단골 매장도 생겼다. 매주 가다 보니 몇몇 직원들은 내가 갈 때마다 반갑게 맞아주었다.

그런데 이상하게도 그 삶이 전혀 행복하지 않았다. 옷은 사도 사도 끝이 없었고, 내 욕망은 조금도 메꿔지지 않았다. 택도 떼지 않은 옷들이 수두룩하게 걸리게 됐을 즈음, 나는 건드리면 터져버릴 것 같은 지독한 스트레스에 휩싸인 시한폭탄 같은 상태로 하루하루를 버티고 있었다.

그즈음 뉴욕으로 떠나게 되었다. 한국에서의 모든 일을 완전히 단절한 채 평생을 꿈꾸던 뉴욕으로 오자 매일매일이 너무나 행복했다. 오로지 나만 생각하면 됐고, 일하는 순간조차 내가 원하는 일이라는 생각에 기쁜 마음이 앞섰다. 하지만 '지금의 경험을 어떻게 잘 녹여낼 수 있을까?' 하며 매 순간 고민거리가 떠올랐다. 동시에 이 모든 행복을 뒤로한 채 삶이 기계처럼 반복되는 한국으로 돌아와야 한다고 생각하니 마음이 심란했다. 불행한 채로 일하면 과연 좋은 콘텐츠를 만들 수 있을까? 뉴욕에서 찾은 의미를 한국에 돌아가서 누군가에게 제대로 전달할 수 있을까? 온갖 걱정뿐이었다.

그러던 차에 뉴욕에서 알게 된 한 여성분과 '블루힐(Blue Hill)'이라는 레스토랑을 방문했다. 금융회사에서 근무하는 그녀는 종종 음식 칼럼을 기고한다고 했다. 그래서인지 뉴욕의 맛집을 많이 알고 있었고, 뉴욕에서 가장 인기 있는 장소나 브랜드에 대해 남다른 지식이 있었다. 뉴욕에서의 취재에 꽤 도움을 많이 받은 터라 식사를 대접하기로 했고, 그럼 근사한 곳을 가보자며 이곳을 추천한 것이다.

식당은 반지하에 숨어 있어서 처음 도착했을 때는 그 특별함이 베일에 싸여 있었다. 그러다 천천히 안으로 들어가자 미슐랭 식당으로 선정되고, 미식가들 사이에서 상당히 높은 인기를 누리는 비밀이 드러났다.

이곳은 식당에서 직접 운영하는 농장에서 키운 식재료를 사용하여 요리를 만드는데, 메인 재료뿐 아니라 소스까지 같은 방식으로 만든다고 한다. 한 끼에 와인 포함 약 40~50만 원 정도 할 만큼 꽤 비싼 가격이었지만, 뉴욕까지 왔으니 특별한 경험을 해보자는 기대감을 안고 오게 되었다.

그날그날의 메뉴는 당일에 공급되는 재료로만 만들어졌다. 그러다 보니 어떤 날은 재료로 아스파라거스만 있어 에피타이저부터 디저트까지 몽땅 아스파라거스 요리가 나온 적도 있다고 한다. 그런 에피

소드들 덕분에 식당은 더욱 유명해졌다. 우리 역시 따로 메뉴를 고르지 않고 코스요리를 주문했다.

식당의 유명세대로 처음 등장한 요리부터 내 예상을 벗어났다. 돼지 뱃살 기름과 꿀을 섞은 소스에 이름도 모르는 채소를 찍어 먹는 요리였는데, 돼지 뱃살만 모아서 기름을 만든다는 발상이 상당히 독특했다. 시작부터 이곳만의 맛을 만들어가는 세심함을 엿본 듯했다. 연이어 등장한 요리들도 한 번도 본 적 없는 창의적인 요리였다. 돼지 간에 김을 붙인 요리나 시금치를 녹인 소스나 오늘 막 잡았다는 돼지로 만든 소시지 등 모든 요리가 익숙한 모양새와는 달리 처음 접해보는 새로운 맛이었다. 나는 그 맛을 어떻게 설명해야 할지 난감했다. 그런 내 표정을 보며 그녀가 말했다.

"모든 음식에는 풍미가 있어요. 특히 좋은 재료로 만든 음식은 씹어 삼킬 때 목젖 깊은 곳에서 맛이 울려 퍼지죠. 한번 음미해보세요. 자연 그대로의 맛이 느껴질 거예요."

그녀는 요리가 나올 때마다 매번 다른 맛을 느꼈는지 끊임없이 감탄사를 터뜨렸고, 마지막으로 나온 생강 아이스크림마저 이제까지의 느끼함을 확 잡아준다며 행복한 표정으로 한 입씩 음미했다. 디저트까지 마무리한 그녀는 와인을 한 모금 마시며 이렇게 말했다.

BLUE HILL
013

"지금 나오는 노래에 귀 기울여봐요. 요리를 제대로 하는 진짜 레스토랑들은 음식의 맛뿐 아니라 분위기, 노래 하나까지 모두 음식에 어울리게 세팅해요. 식사하면서 단 한 번도 흘러나오는 노래가 귀에 거슬리지 않았죠? 식사에 방해되지 않을 정도의 적당한 데시벨과 클라이막스 없는 잔잔한 곡 위주로 리스트업했기 때문이에요. 이곳의 모든 것이 마치 오케스트라 같지 않나요? 저는 완성도 높은 연주를 들은 것만 같아요."

참 만족스러운 식사였다며 와인잔을 내려놓는 그녀의 모습을 보며 나는 문득 그런 생각이 들었다.

자신의 취향이 무엇인지 제대로 알고 즐기는 사람은 이렇게 비교할 수 없는 만족을 누릴 수 있구나.

백화점에 가서 돈을 쓰며 스트레스를 풀지 않아도 그녀는 더 행복하고 가치 있는 일상을 보내고 있었다. 나는 단연코 한 번도 취향이라는 것을 가져본 적 없는 사람이었다. 눈을 뜨면 인스타그램이나 페이스북에 들어가 어떤 콘텐츠를 만들어야 할지만 생각하느라 일상을 만드는 일에 너무 소홀했다. 100만 명이 클릭한 콘텐츠를 만들어내도 늘 부족함을 느꼈다. 사람들의 시선을 끌 뿐 깊이는 얕았던 탓이다.

하지만 그녀처럼 취향이 확고하면 누구나 흥미로워할 만한 콘텐츠가 절로 나온다. 생동감과 힘이 느껴지는 스토리가 따라오기 때문이다. 스토리텔링에 능한 미식가와 식사한 덕분에 그녀의 경험이 요리와 조화를 이루며 나의 고민거리까지 단숨에 해결되었다. 어쩌면 나에게 부족한 스토리의 힘을 채우기 위해서는 무엇보다 먼저 내가 무엇을 좋아하고 즐거워하는지 알아가야 하지 않을까?

뉴욕에는 이런 사람이 넘쳐났다. 스스로를 잘 알고, 그래서 비교하지 않고 나답게 살아가는 사람들. 식사 한 끼에 50만 원이라는 꽤 큰 돈을 지불했지만, 나를 찾고 취향을 알아가는 크리에이터로 거듭나기 위한 수업료로는 충분히 가치 있었다.

뉴욕에서의 결혼식

이은지

딸 셋의 장녀였던 나는 뒤늦게 찾아온 사춘기로 심한 방황을 겪었다. 공부에도 관심이 없었고, 학교에 가지 않는 날도 있었다. 하지만 당시 초등학교를 다니던 막냇동생 은명이는 한국에서 자신이 원하는 것을 이루기 어렵다는 생각에 홀로 유학을 준비할 정도로 깨인 아이였다. 나와는 너무도 다른 동생이었기에 우리는 쉽게 가까워질 수 없었다.

내가 밤늦도록 창문을 넘나들며 친구들과 방황하는 동안, 동생은 자신의 꿈을 어디서 실현할지 구체적으로 그려갔다. 나 때문에 힘들어하던 부모님을 보고 동생들은 나에게 이런 말까지 쏟아냈다.

"우리는 절대 언니처럼 살지 않을 거야."

그 말을 들은 고등학생 시절 이후로 나는 동생들과 제대로 된 대화를 한 번도 한 적이 없었고, 막내는 미국에서 혼자 열심히 공부한 끝에 아이비리그 대학까지 들어가게 되었다. 그런 동생이 자랑스러웠던 마음과는 별개로 여전히 놀고먹기에 바빴던 나는 둘 사이의 선을 좁히지 못했다. 걔는 날 때부터 난 놈이고 나는 한 치 앞도 모르는 시한폭탄.

그랬던 우리는 동생이 성인이 되고 나서부터 조금씩 달라졌다. 한국에 올 때마다 예전의 나처럼 신나게 친구들과 놀아대던 그녀는 밤이 늦어 술에 취하면 매번 나에게 전화해 "언니 데리러 와줘~"를 외쳤다. 그런 동생이 귀여웠다. 한 번도 해본 적 없는 언니 노릇을 술에 취해 혀가 꼬부라진 동생을 주워오는 걸로 시작했다. 별로 해준 것 없는 언니였기에 취해서라도 나를 찾아주는 동생에게 내심 고마웠다.

그렇게 어느 정도 관계를 회복하고 시간이 흘렀다. 동생은 어느덧 대학을 졸업하고 뉴욕에 직장을 구해 자리를 잡아갔다. 그리고 내가 뉴욕에 가겠다고 결심했을 때 가장 큰 도움이 되어주었다. 살 집을 알아봐주는 것부터 시작해 코워킹 스페이스 탐방 일정을 잡아주고, 함께 투어하며 통역을 해준 것은 물론, 꼭 가야 할 장소를 집어주며 매번 잔소리 같은 알찬 정보를 나눠주던 내 동생. 그랬던 동생이 좋은 짝을 만나 결혼식을 올리게 되었다. 그것도 우연히 내가 뉴욕에 있을 때.

나는 동생의 결혼식 일정에 맞춰 뉴욕에 왔다는 사실에 감격했고 감사했다. 부모님이 함께할 수 없었기에 장녀인 나라도 그 모습을 지켜보며 축하해줄 수 있어서 다행이었다. 제부가 될 광현 씨도 인성이 너무 좋아 내 마음에 쏙 들었다. 나중에 알았지만 동생은 일부러 내가 뉴욕에 올 때를 맞춰서 결혼식 날짜를 잡은 것이었다.

결혼식 날, 우리는 이른 아침부터 일어나 분주하게 준비했고, 9시가 되기 전 밴을 불러 결혼식 장소로 이동했다. 은명의 미국 결혼식은 한국의 구청 같은 곳에서 서류를 작성한 뒤 순서를 기다려 약 2분간의 짧은 주례를 마치면 끝날 만큼 간단했다. 속전속결의 속도에도 놀랐지만, 동생 부부 이외에도 정말 많은 사람이 혼인신고를 위해 줄을 선 모습도 놀라웠다.

동생의 결혼식은 나에게 또 다른 의미로 신선했다. 그곳에는 흑인과 백인, 동양인 등 다양한 인종뿐만 아니라 게이, 레즈비언 커플 등 한국에서는 보기 힘든 여러 형태의 부부들이 모두 모여 있었다. 한국이라는 좁은 사회에서 보수적으로 자란 나의 편견이 깨지는 순간이었다. 나는 뉴욕의 이런 뜨거운 자유로움이 너무나 좋았다.

동생의 식은 빠르게 진행됐다. 그 사이 동생의 친구들도 뒷풀이에 참석하기 위해 속속 도착했다. 우리는 다같이 미리 예약한 레스토랑에 가서 맛있는 음식을 먹고 와인을 마시며 이야기를 나누었다. 그곳에서 동생이 어린 시절부터 함께한 친구들도 만날 수 있었다. 반가운 얼굴들이 동생의 결혼식을 위해 한자리에 모였다니 오늘만큼 완벽한 날이 있을까.

누구나 마음만 먹으면 뉴욕에 올 수 있다. 언제든 떠날 수 있다. 아무리 물가가 비싼 뉴욕이라지만 300만 원이면 보름은 충분히 지낼 것이다. 하지만 나처럼 일부러 뉴욕에 일을 만들어 오기는 쉽지 않다. 노을 지는 브루클린 다리에서 감동적인 여운을 한 몸에 받는 일 역시 어려울지 모른다. 〈섹스 앤 더 시티〉의 주인공 캐리를 실제로 못 만날 수도 있고, 미국의 결혼식을 직접 경험하는 일은 더더욱 힘들 것이다.

하지만 나는 이 모든 일을 겪었다. 뉴욕은 적어도 나에게만큼은 내가 이룰 수 있는 최고의 순간을 연속해서 선물했다. 이곳이 나에게 힘들 때면 언제든 곱씹어볼 수 있는 소중한 추억이 담긴 가장 사랑스러운 도시로 기억되길 마음 깊이 바라본다.

ermentation and civilization are inseparable.”
BREWING PROCESS
LAUTERTUN

뉴요커들의 이야기①: 여행 작가 리팟

interview

화려하고 아름다운 도시 뉴욕. 그 모습에 반해 한국뿐 아니라 전 세계의 많은 사람이 이곳을 찾는다. 긴 시간 쌓아 올린 아름다움 덕분에 뉴요커로서의 삶 또한 근사할 것 같지만, 뉴욕에 거주하는 이들은 입을 모아 말한다. 이곳에서의 삶 또한 세상 어느 곳 못지않게 치열하다고. 게다가 공통적으로 한 말은 뉴욕을 스쳐 가는 도시로 생각하고 항상 떠날 준비를 하고 있다는 것이었다. 어째서 뉴요커들은 세계에서 손꼽히는 멋진 도시인 뉴욕을 떠나려는 것일까? 궁금증에 뉴욕을 떠나는 사람의 이야기를 직접 취재해보았다.

방글라데시에서 온 리팟 무르살린은 미국 애틀랜타주에서 고등학교를 나왔고, 지난 2년 동안 뉴욕에 거주했다. 리팟은 첫 1년 동안 일본 투자은행에서 일했고, 지난 6~7개월은 일을 그만두고 아프리카, 아시아 등을 여행하며 글을 쓰고 있다. 그는 우리에게 진짜 뉴요커들의 속마음을 말해줬다.

뉴요커들이 뉴욕을 떠나는 이유

많은 사람이 뉴요커를 동경하는데, 왜 회사를 그만두고 여행 작가가 되었나요?

저는 뉴요커로서 멋진 생활만을 꿈꿔오지 않았어요. 운 좋게 월가의 회사에서 일했지만 많은 어려움이 있었죠. 즐겁게 일하면서 좋은 사람을 만나도 제가 찾는 것은 멋지고 화려한 직업이 아니라는 생각이 들었어요. 저는 꾸준히 오래 할 수 있는 나만의 직업을 찾고 싶었거든요. 뉴욕에서는 제가 진정 원하는 것을 경험할 수 없었어요. 오히려 일하면서 제가 금융보다 교육에 더 관심 있다는 사실을 깨달았죠. 그래서 지금은 다음으로 넘어갈 준비를 하고 있어요. 비록 뉴욕을 떠나지만, 뉴욕에서의 삶은 충분히 가치 있었고 도전해볼 만한 삶이었어요.

뉴욕을 여행하는 것과 삶으로 경험하는 건 차이가 있는 것 같아요. 뉴욕에 살면서 즐거웠던 순간들도 있나요?

일하는 동안은 뉴욕을 제대로 즐길 수 없었어요. 오히려 쉬면서 더 많은 사람을 만났고, 다양한 경험을 하면서 저의 꿈을 찾을 수 있었죠. 여러 나라와 도시를 여행하며 사람에 대해 알게 된 것이 가장 좋았어요.

도시와 문화를 체험하기 위해 떠난 여행에서 우연히 만난 낯선 사람과 대화하며 더 많은 것을 느낄 때가 있죠. 지금 이 인터뷰도 그렇고요. 내가 무엇을 좇고, 왜 사람들이 다른 삶의 여정을 걷는지 다시 생각해보게 되네요.

여행에서 만난 제 또래의 젊은 친구들은 대부분 비슷한 걸 좇고 있었어요. 그들은 돈과 명예보다는 '삶의 의미'에 더 집중했어요. 누군가 정해준 의미가 아니라, 스스로 중요한 무언가를 발견하길 꿈꾸더라고요. 가족에 대한 애착, 나라에 대한 애착, 자신감에서 비롯된 자신에 대한 애착 등 다들 무언가를 발견하고 만들어나가길 원하는 것 같았어요.

한국에서는 종종 삶의 의미를 좇는 일을 너무 이상적이라고 치부하기도 해요.

방글라데시도 경쟁이 치열하고, 삶의 의미를 찾아가는 여정을 긍정적으로 바라보지는 않아요. 저는 뉴욕에서 다양한 문화와 사람을 접하며 다르게 사는 삶을 알게 됐어요. 덕분에 빡빡하게 정해진 틀을 벗어나 여유롭게 사는 삶, 내가 원하는 것을 좇는 길을 가겠다고 결심하게 됐죠.

그렇게 생각할 수 있었던 이유가 뭘까요?

가장 큰 이유는 기술의 진보인 것 같아요. 예전에 없던 직업이 생겨났고, 따로 직장을 가지지 않아도 살아남을 수 있는 사회가 되었어요. 유튜버나 크리에이터, 인플루언서 등 장소에 구애받지 않고 일하며 사는 사람이 많아졌죠. 기술이 발전하면서 이런 삶도 가능해진 거예요.

기술의 진보 덕분에 리팟도 여행을 다니며 글도 쓰고, 사람들에게 자신의 이야기를 공유할 수 있게 됐잖아요. 앞으로의 꿈은 무엇인가요?

첫 번째로는 언젠가 아이들을 가르치고 싶어요. 두 번째는 계속해서 글을 쓰고 싶어요. 앞으로 어떤 삶을 살아가게 될지 모르지만, 이 두 가지 꿈이 저의 직업과 연관되어 있으면 좋겠어요. 무엇보다 제가 가장 꿈꾸는 삶은 그냥 제가 행복한 거예요. 일하거나 여가를 즐기거나 무언가 자기가 좋아하는 일을 하면서 행복을 느낄 수도 있지만, 그냥 주변 사람이나 가족과 함께 행복해지고, 저 역시 그들에게 행복을 안겨주기를 바라요. 사람들과 좋은 관계를 쌓아가며 그것들이 제 삶의 큰 의미를 안겨주는 삶 말이에요. 앞으로도 다양한 시도를 해보고 싶어요. 언젠가 지금 하는 일을 그만두게 되더라도 상관없어요. 실패해도 상관없고요. 제 생각에 '내가 지금 걷고 싶은 길을 계속해서 걸어보는 것' 자체가 제게 큰 만족을 주는 것 같아요. 과정에 행복이 있다는 생각을 많이 하죠. 실패해도 다시 시도하면서 제 삶을 찾아갈 거예요.

★

뉴욕에 대해 막연하게 환상만 안고 있던 우리는 뉴요커들을 마주하며 그들의 삶도 우리와 크게 다르지 않다고 생각했다. 그들도 각자의 위치에서 치열하게 고민하고 있었다. 이렇게 사는 삶이 맞는지, 내가 지금 바라왔던 삶을 살아가고 있는지 말이다. 한 가지 다른 점은 그들은 새로운 시도를 두려워하지 않고 도전하면서 자신이 원하는 삶에 가까워지고 있다는 점이었다. 다른 삶을 꿈꾸며 뉴욕으로 떠난 우리는 여기에서 또 다른 모험가를 마주했다. 뉴욕에서 우리가 마주한 것은 인생의 정답이 아니라 삶을 살아가는 다양한 방식이었다.

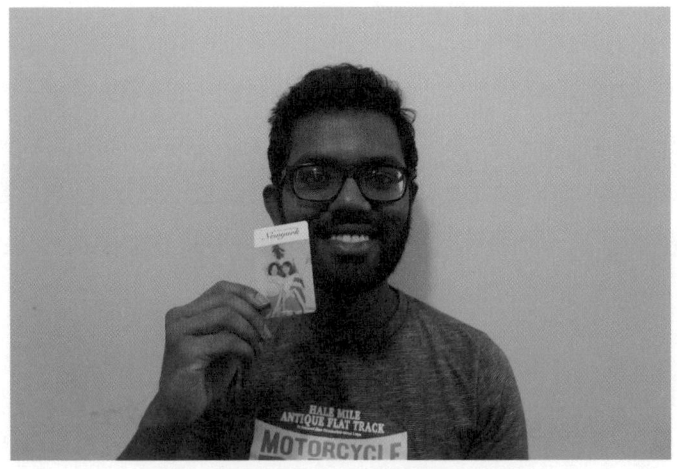

뉴요커들의 이야기②: 하버드 연구원 은명

interview

앞서 말했듯 뉴욕 한 달 살기를 준비하며 제일 큰 도움을 준 사람은 바로 내 동생 은명이다. 그녀는 어릴 때부터 공부는 뒷전이었던 나와 달리 초등학생 때부터 무엇이든 열심이었다. 한번은 침울한 표정으로 집에 들어오는 동생을 보고 왜 그렇게 기분이 안 좋은지 물으니 이렇게 답했다.

"언니, 내가 아무리 공부를 열심히 해도 공부머리 타고난 애들을 따라잡을 수가 없어."

이것이 초등학교 4학년에게서 나온 말이라니! 당시 고3을 앞두고 있던 나조차 천하태평 근심 걱정 없이 살았건만. 동생이 나와 같은 배에서 나온 게 맞는지 의심스러웠다. 그렇게 그녀는 초등학교까지만 한국에서 다니고 홀로 미국 유학길에 올랐다.

몇 년 후, 장학금을 받고 아이비리그 대학교에 입학하고, 졸업 후 월가의 금융회사에서 일하게 된 자랑스러운 내 동생. 미국에서 10년 가까이 엄청난 도전을 반복해온 동생이야말로 우리가 찾던 진짜 뉴요커였다. 자신의 한계를 부수고 계속해서 성장하며 언니인 나조차 인정할 수밖에 없었던 그녀의 스토리를 들려주겠다.

홀로 유학을 떠나 억대 연봉의 뉴요커가 되기까지

은명아, 너가 몇 살 때 미국으로 왔지?

중학교 2학년 때쯤인가. 그때 학교에 한창 유학 붐이 불었어. 방학 끝나고 학교에 가면 한 반에 다섯 명씩 없는 거야. 그래서 나도 자연스럽게 유학을 생각했지.

근데 부모님이 뭘 믿고 미국에 보내줬어? 나는 유학 보내달라고 해도 안 보내줬는데.

나도 처음에는 엄마, 아빠가 당연히 반대했지. 돈도 많이 들고 나이도 어리니까. 혼자 미국에서 생활할 수 있겠냐. 그래서 나도 못 가겠다 싶었는데 너무 가고 싶어서 직접 다 알아봤지. 인터넷으로 유학원 검색해서 설명회 들으러 다니고, 비용도 비교해보고, 장학금 지원받을 수 있는 학교 찾아서 견적이랑 같이 내 10년 플랜을 A4 다섯 장에 적어서 부모님께 보여드렸지.

언니도 알다시피 내가 한다면 하잖아? 철저하게 알아보고 구체적인 계획을 가져가니까 결국 두 손 두 발 다 드시더라. 처음에는 나도 1년만 유학해보자는 생각으로 갔는데 선생님이랑 학생들과도 잘 맞고, 수업 프로그램이 다양한 것도 너무 좋고, 여러모로 미국 생활이 재미있어서 계속 지내다 보니까 대학까지 졸업한 거지.

처음에 미국으로 떠나기로 결심한 이유는 뭐야?

미국은 학교가 국립과 사립으로 나뉘는데 가장 큰 차이는 학비야. 공립은 학비가 공짜고 사립은 비싼 편이지. 대신 사립은 학급 수도 적고 가족적인 분위기야. 나는 공립을 다니다가 사립으로 갔는데, 사립이 더 평화롭고 자유로운 분위기였어.

가장 좋았던 점은 한국의 교육시스템이랑 다르다는 거야. 우리는 학교에서 국어, 영어, 수학을 배우잖아? 미국 학교에서는 뮤지컬, 음악, 골프, 축구, 봉사활동 등 정말 다양한 활동을 할 수 있어. 당연히 이 수업들이 전부 다 내 점수가 되고. 공부만 하는 게 아니라 전방위적인 체험과 교육이 함께한다는 게 가장 큰 장점이야. 나도 한국에서는 공부를 잘하는 편이 아니었어. 아무리 공부해도 공부머리 타고난 친구들을 이기기가 쉽지 않더라고.

한국에서 공부를 못했는데 아이비리그는 어떻게 간 거야? 그 정도면 공부머리 타고난 거 아닐까?

미국은 시험 성적뿐 아니라 숙제나 리포트, 봉사활동, 그 외 프로그램들도 점수에 반영해. 그래서 중간고사를 잘 못 보더라도 다른 것들로 충분히 보완할 수 있어. 물론 아이비리그 대학에 가는 게 쉬운 일은 아니었지. 동양인 여자 유학생. 이것만으로도 특수하고 어려운 조건이었거든.

그래서 대학 들어가기 몇 년 전부터 미리미리 준비했지. 9학년(한국에서는 중학교 3학년에 해당) 때부터 SAT도 봤고, 11학년 때까지 에세이도 미리 다 써놨어. 그러면서 성적에 맞춰 월·분기·년마다 새로 계획도 다시 다 짰지.

이렇게 준비하면서 무조건 공부에만 올인해서는 안 된다는 사실을 깨달았어. 결국 내가 흥미를 느껴야 점수를 잘 받을 테니 좋아하는 연극이나 뮤지컬 활동도 했지. 그래서 미국은 공부만 잘해서는 좋은 대학에 가기 쉽지는 않다는 말이 나오는 거야. 리더십과 팀워크 등 다양한 부분에서 자기 증명을 해야 하지.

너와 함께한 시간보다 떨어져 있는 세월이 더 길어서 이렇게까지 노력했는지 몰랐어. 정말 대단하다. 아이비리그 대학에 들어가서 정말 좋았겠다.

처음에야 좋았지. 내가 드디어 아이비리그를 가다니. 그런데 대학 생활이 정말 쉽지 않더라고. 고등학교 때는 전교에서 2등이었는데, 대학교에는 전국의 전교

2등들만 모아놓은 셈이니까. 톱이 될 수 없다는 사실이 정말 힘들더라. 게다가 뮤지컬이랑 춤 오디션도 다 떨어졌어. 나보다 잘하고 잘난 애들이 너무 많더라고. 그래서 자괴감도 정말 많이 느꼈지. 그러다가 전공 선택할 즈음 심리학에 푹 빠지면서 공부에 흥미를 갖게 됐어. 졸업할 때까지는 좋아하는 학문을 공부하고 있다는 재미만으로 버텼어.

심리학 공부가 어떤 점이 재미있었어?

한국에서도 이제는 심리 상담으로 정신적 치유를 받는 것이 많이 개방되었지만, 아직까지 동양문화에서는 심리 상담 자체를 두려워하는 사람도 많잖아. 그런데 심리학은 데이터를 바탕으로 하는 과학적인 학문이라는 인식이 자리 잡았어. 예를 들어 어떤 심리학자가 가설을 세우고 결과를 검증했더라도 다른 심리학자가 같은 가설로 다른 결과를 도출하면 처음 만든 가설은 역사 속으로 사라지기도 해. 그만큼 데이터를 기반으로 분석적으로 접근하고 결과는 반드시 논리적으로 타당하게 증명되어야만 심리학 이론이 만들어지지. 그 과정도 재미있었고, 인간의 내면을 이해하는 것도 심오하고 의미 있었어.

그런데 엄마는 경제학과나 경영학과를 가길 원했잖아. 심리학과 졸업하면 어떻게 먹고사냐고 조금 걱정했는데 그래도 아이비리그 나오면 취업은 잘되는 거지?

전혀 그렇지 않아. 지금 취직한 회사는 인터뷰만 3개월을 했어. 나도 처음에는 취업이 생각보다 어려워서 먹고살 수는 있을까 걱정했지. 그래도 나는 행동심리학 부서가 있는 보험회사에 들어가서 4년 동안 재미있게 일했어. 보험회사에서 무슨 심리학이냐 싶겠지만 모든 인간의 행위가 결국 심리와 관련 있잖아. 그래서 어떻게 하면 사람들이 보험금을 제때 내게 할까? 속이지 않고 정직하게 금액을 지불하게 할까? 심리학적인 관점에서 분석하고 연구했지. 그런데 중간에 회사가 풍파를 겪으면서 부서가 계속 바뀌고 전공이랑 상관없는 분야에서 일하다 보니 자괴감이 들더라고. 그래서 그만두고 하버드 연구소에 지원하게 된 거야.

그러니까 이제는 뉴요커가 아니네. 하버드는 보스턴에 있잖아?

그치. 앞으로 내가 어디에서 무엇을 하고 살지는 아무도 모르지. 그래도 나중에는 아시아에 제대로 된 심리센터를 만들고 싶어. 사실 나는 우울증은 단순히 마음의 감기로 치부하면 안 된다고 생각해. 원인이 꼭 본인의 문제가 아닐 수도 있어. 유전학적인 문제거나 다른 이유가 있을 수도 있지. 궁극적으로는 병원에 갈 만큼 심각해지기 전에 자신을 잘 알고 정신적으로 건강해질 기회를 더 많은 사람에게 안겨주고 싶어. 라이프 코칭이라고 해야 할까?

정말 멋지다. 지금 네가 가지고 있는 꿈도, 혼자 이렇게 미국에서 고군분투한 것도. 나도 진작에 유학 왔었다면 얼마나 좋았을까?

언니, 나는 유학 생활에 돈이 전부가 아니라고 생각해. 억지로 등 떠밀려 왔다가 한국으로 귀국 조치당하는 사람들부터 중도 포기하고 한국에서 대학에 가는 경우도 있고, 실패 케이스는 정말 많아. 결국 내가 미국에서 하고 싶은 게 있는지, 홀로 생활하면서 발생하는 위험 요소를 감당할 자신이 있는지 충분히 준비하고 마음을 단단히 먹는 게 정말 중요해.

게다가 미국에도 정답이 있는 게 아니야. 어디를 가느냐는 하나도 안 중요해. 내가 어떤 것을 할 때 행복한지, 또 어떤 꿈을 꿔야 즐거운지 등 '나'를 찾는 게 먼저야. 나도 뉴욕에서 내가 뭘 좋아하는지 잘 모르겠을 때 이것저것 다 해봤어. 재미있을 것 같아서 뉴욕 한인 라디오 방송도 1년 했고, 먹는 것을 좋아해서 웨이트리스도 하고, 레스토랑 컨설팅도 해보고. 그런데 하다 보니까 난 단지 먹는 걸 좋아하지, 레스토랑에서 일하거나 요리하는 걸 좋아하지는 않더라고. 그래서 나를 찾는 데 가장 좋은 방법은 할까 말까 할 때 해보는 거야.
그러다 아니라면 그만두고 다른 일이 잘 맞으면 잘하는 일을 찾은 거잖아? 내가 미국에 살면서 느낀 게 미국 사람들은 남 눈치 안 보고 일단 자기가 하고 싶은 게 있으면 다 해. 자본과 용기가 모두 있는 나라야. 게다가 자기 살기 바빠서 다른 사람에게 관심도 없어. 그런 미국의 모습 덕분에 내가 진정으로 원하는 게 무엇인지 자꾸 고민하고 찾아보게 됐어. 그게 내가 긴 미국 생활에서 얻은 값진 배움이야.
나는 남이 생각할 때 성공적인 삶이 아니라 나중에 내 삶을 돌아봤을 때 스스로 뿌듯하고 행복한 삶을 살고 싶어. 내 삶이고, 내 인생에서 가장 중요하고 소중한 건 결국 나니까.

뉴욕 한 달 살기를 시작하기 전부터 나는 10년 가까이 미국에서 살고 있는 동생이 너무 부러웠다. 나도 유학을 갔더라면, 부모님이 미

국에 보내줬다면 어땠을까 오랜 시간 원망하며 아쉬워했지만, 그녀와 인터뷰하면서 내 생각이 틀렸음을 깨달았다.

어디에 있든 진짜 원하는 것을 찾을 기회는 충분했다. 원한다면 그녀처럼 부모님을 설득할 수도 있었을 것이다. 하지만 나는 그녀만큼 간절하지 않았을 뿐. 결국 기회는 간절함 속에 있고, 그것을 실천한 이들만이 진정한 삶의 자유와 자아를 찾을 수 있었다. 그녀가 20대에 깨달은 사실을 나는 돌아 돌아 30대 중반인 지금에야 깨달았다.

뉴요커들의 이야기③:
디자이너 혜진

interview

한국에서 프리랜서로 오랫동안 활동해왔으니 뉴욕의 프리랜서는 어떻게 살아가고 있을지 정말 궁금했다. 그래서 뉴욕에 가면 꼭 나와 같은 사람을 인터뷰하고 싶었다. 그러던 차에 지인 소개로 20대의 젊은 나이에 뉴욕에서 일러스트레이터로 활동 중인 프리랜서 박혜진 씨를 만났다.

그녀를 만나기 전, 어떤 활동을 하고 있는지 인스타그램과 페이스북을 둘러봤다. 그녀는 형형색색의 컬러를 사용해 통통 튀는 작품을 만들어냈다. 그랬기에 실제로 만나면 어떨까 궁금했는데, 작품과는 달리 꽤 조용하고 차분했다. 앳된 미소를 지녔지만, 작품만큼은 활짝 핀 웃음 같은 컬러풀하게 알록달록한 매력으로 만들어내는 사람이었다. 그녀는 어떻게 이 화려한 도시 뉴욕에서 한국인 디자이너로 활동할 수 있었던 걸까?

20대 한국인 여자가 뉴욕에서 그림으로 먹고사는 법

혜진 씨, 너무 만나고 싶었어요. 그림 색감이 독특하고 아기자기하면서도 강렬하던데, 어떻게 이런 작품활동을 하게 됐는지 궁금해요.

저는 처음부터 프리랜서는 아니었어요. 고등학교 1학년 때 미국으로 유학 와서 대학교에서는 일러스트레이션을 전공하고 졸업 후 뉴욕으로 왔어요. 뉴욕에 오자마자 허핑턴포스트라는 미디어 회사에서 일하다가 내 일을 하고 싶다는 생각이 들어서 프리랜서로 전향했어요.

Building a Rainbow

허핑턴포스트! 한국에서도 정말 유명한데! 왜 회사를 그만두고 나왔어요?

제가 하는 일이 좀 더 의미 있는 곳에 쓰였으면 좋겠다는 생각을 많이 했어요. 제 이름이 붙은 작품을 세상에 선보이고 싶었고, 한 회사에 매여 있기보다 다양한 회사와 일해보고 싶었어요. 회사에서 월급을 받는 대신 나 자신을 밀어주자는 생각을 했고, 그러다 보니 자연스럽게 혼자 일하는 것을 선택했어요.

물론 회사 다닐 때는 안정적이었고, 맨해튼에 있는 큰 회사에 다닌다는 것에 만족하면서 살았어요. 그런데 이상하게 많이 허무하더라고요. 내 작품이나 재능이 200퍼센트 쓰이지 않는 기분이 들었거든요. 지금은 돈을 잘 벌지는 못하지만 매 순간 깨어 있는 느낌이에요.

처음 프리랜서가 됐을 때, 어떻게 클라이언트를 찾았나요?

처음에는 아침 일찍 일어나 무조건 카페로 갔어요. 그러고는 무작정 아트 디렉터나 크리에이티브 디렉터에게 '나는 일러스트레이터고, 포트폴리오를 보여줄 테니 일을 맡겨보지 않을래?'라고 적은 메일을 계속해서 보냈어요. 거의 1천 명에게 메일을 보낸 것 같아요.

메일 보낼 때마다 형식은 회사에 따라 다르게 해서 보냈어요. 그렇게 메일을 보내니 100명 중 한 명에게는 답장이 오더라고요. 아주 조금씩 일이 들어왔어요. 그래도 같이 일했던 사람들이 몇 개월 뒤, 1년 뒤에도 저를 기억해주고 다시 프로젝트가 생기면 일을 주고 그랬죠. 프리랜서라면 아무래도 내가 무슨 일을 하는지 상대가 알아야 일을 맡길 수 있다는 생각에 그렇게 했던 것 같아요.

지금도 메일을 보내나요?

이제는 먼저 찾아주시는 분들도 많아요. 그 사이에 작은 출판사를 운영하면서 제 책을 출판하기도 했고요. 아트북페어에서 책도 팔고, 초등학생이나 유치원생 대상의 미술 수업도 열어요. 여전히 회사와 함께 작품을 만들기도 해요. 사실 1년 정도 프리랜서로 일하다 보니 외롭다는 생각이 많이 들더라고요. 그래서 지금은 어울려서 함께하는 일도 병행하고 있어요.

제가 가장 사랑하는 도시 뉴욕에서 본인만의 작품활동을 하다니. 정말 멋있어요. 뉴욕에서 프리랜서로 살 수 있다면 너무 행복할 것 같아요.

전혀 그렇지 않아요. 알다시피 프리랜서라고 하면 출퇴근이 없으니 자유롭고 좋다고 생각하지만 실은 매일 아침 9시부터 밤 12시까지 계속 일하는 것 같아요. 그러다 보니 잠도 잘 못 자고 운동도 못 하고, 맛있는 음식은 언제 먹었는지 기억도 안 나요. 비싼 요리도 잘 사 먹지 않고 아끼면서 살고 있어요. 하지만 언젠가 나도 성장할 테고 이 일이 내 평생 직장이라 생각하고 길게 보고 있죠.

역시 프리랜서는 어딜 가든 자유롭지 못한 존재군요. 이상하게 일이 꼭 한꺼번에 몰려 들어오잖아요. 빠질 때는 썰물처럼 확 빠지고. 그 사이에 어떤 공허함도 있고요. 그치만 저는 배고파도 뉴욕에서 배고픈 게 더 좋을 것 같아요. 뉴요커라고 할 수 있잖아요.

뉴욕에서 지낸다는 게 정말 행복한 일은 맞아요. 어딜 가도 영감받을 것이 넘치고, 자유롭고, 프린트나 출판, 아트에 강한 도시이기도 하고요. 또 다양한 인종들이 함께해서 그런지 저도 같이 시야가 넓어지고요. 다른 사람 신경 쓸 필요 없는 점도 좋아요. 제가 좋아하는 아티스트들도 전부 다 뉴욕을 거쳐 갔어요. 스타일이 강한 사람들이 뉴욕에 사는 이유가 있거든요. 요즘에는 맨해튼보다 브루클린에 프리랜서들이 많이 살고, 제 친구들도 이쪽 커뮤니티가 강해서 저도 브루클린으로 이사 왔어요.

그럼 뉴욕에서 받은 영감들을 다 작품에 녹이겠네요? 혜진 씨에게 그림은 어떤 의미인가요?

제 그림은 대체로 저를 표현하는 경우가 많아요. 여자이자 일러스트레이터로서 살아남기 위해 제한 없이 비전을 펼치는 내용을 담은 작품도 있어요. 종교적인 이유도 있고요. 제가 기독교인이라서 항상 의미를 숨겨두는 편이에요. 제한 없는 삶, 자유로움, 동심, 어린이 같은 순수함 같은 것들을 표현해요.

나중에는 아이들을 위한 시설을 만들고 싶어요. 동화책을 만들어서 수익금으로 유치원이나 고아원 같은 곳에 교육을 위해 투자하고 싶어요. 내가 하는 일을 포기하지 않고 평생 하고 싶게 만들고, 여성으로서 더 당당하게 살아가고 싶어요. 그 마음을 담아 작품에 녹여내고요. 제 작품을 보는 사람들에게도 그런 메시지가 전해지면 좋겠어요!

그녀를 인터뷰하는 동안 나는 눈물을 흘리느라 몇 차례 진행을 멈춰야 했다. 내가 꿈꾸던 자유로운 삶, 그리고 나를 표현하고자 하는

욕구, 그런 것들을 가능케 한 뉴욕. 내가 바라던 삶을 사는 사람이 내 앞에 앉아 있다는 사실이 너무 감동적이고 가슴 벅찼다.

그녀는 어린 나이부터 자신을 표현할 수 있는 일을 찾아 당찬 선택을 했다. 나 또한 잘 먹고 잘 살자며 열심히 벌어왔지만 여전히 삶의 의미와 세상을 향한 메시지, 만들고 싶은 콘텐츠를 찾는 일은 요원하다. 그것은 아직 나에게 때가 오지 않았기 때문일까? 아니면 단 한 번도 멈춰 서서 나라는 존재를 제대로 들여다본 적이 없기 때문일까?

내가 진정 원하는 건 무엇일까?
나는 앞으로 어떻게 살고 싶은 걸까?
뉴욕에서의 모든 일정이 끝나면 그다음이 과연 보일까?

답 없는 고민과 별개로 꿈꾸던 삶의 모습을 눈앞에 마주했다는 감동이 뒤엉킨 하루였다.

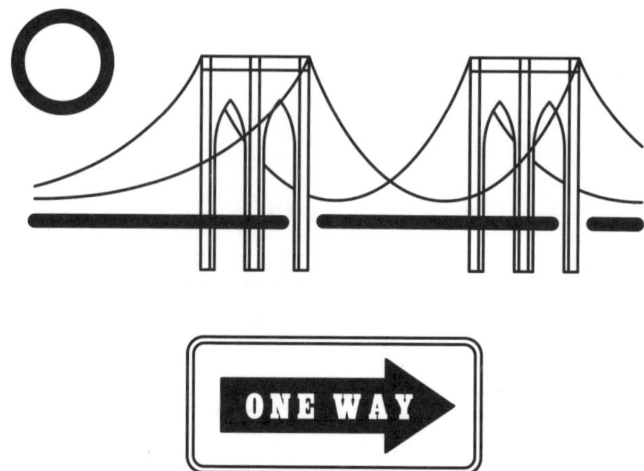
ONE WAY

5장

new york

'함께'의
힘을 느낀
여행의
끝자락

나와 고운이, 팀플의 위대함

이은지

뉴욕에 온 것만큼이나 잘한 일은 이 멋진 뉴욕 여행을 고운이와 함께 했다는 것이다. 열아홉 살에 우리 회사에 지원해 나에게 온 그녀는 벌써 8년째 함께 일하는 동료다. 많은 사람이 내 곁에 머물다 떠났지만, 그녀만큼은 한시도 내 곁을 떠난 적이 없었다. 그만큼 우리는 특별하고 단단한 사이였다.

그녀는 나와 함께하며 단 한 번도 내가 생각하는 아이디어나 프로젝트에 태클을 건 적이 없다. 내가 뭔가를 하고 싶다면 언제든 "Yes!"를 외쳤다. 뉴욕행도 그래서 가능했을지 모른다. 나를 믿고 응원

해주는 사람이 있으니까. 내 꿈을 무한히 믿어주는 동료의 힘은 정말 위대했다. 가끔은 현실적으로 모진 소리를 던지는 남편보다, 20년 넘게 친구로 지내온 절친보다 고운이에게 더 의지할 때도 있었다. 그녀는 분명 나에게 멋진 파트너이자 영혼의 동반자였다.

심지어 그녀와의 업무는 쿵짝도 잘 맞았다. 나는 한없이 벌여놓고 헐레벌떡 뛰어가는 스타일이라면 고운이는 뒤따라오며 그것들을 하나하나 주워 담고 매듭지었다. 한 명은 강하게 끌고 한 명은 마무리하는 완벽한 호흡. 이런 각자의 장점은 뉴욕에서도 여실히 발휘되었다.

내가 쉼 없이 코워킹 스페이스를 돌며 이것저것 정보를 취합하면 그녀는 그새 재빨리 이곳저곳을 촬영하며 시각 자료를 수집했고, 집에 와서 내가 원고를 정리하고 있으면 그녀는 오늘 찍은 사진이 잘 나왔는지 확인하고 클라우드에 업로드했다. 나는 띄엄띄엄 일하기도 했지만, 고운이는 단 하루도 클라우드에 업로드하는 일을 잊은 적이 없다.

성실함, 꾸준함, 그리고 언제나 'Yes,' 그것은 내가 만난 누구보다 뛰어난 최고의 장점이었다. 그뿐 아니라 고운이는 뉴욕에서 감정의 파도에 휩쓸려 하루에도 다섯 번씩 울던 나에게 직접 쓴 편지를 전하며 흔들리는 마음을 다잡아주기도 했다.

NYU

BRIDGE PLAZA
COMMUNITY
GARDEN

뉴욕에서의 매 순간이 행복하고 기쁘다 보니 반대로 한국에 돌아가면 지금의 감정과 이별해야 한다는 생각에 불안은 나날이 커져갔다. 웃고 싶을 때 웃을 수 없고, 울고 싶을 때 울 수 없고, 내가 어떤 하루를 보내야 진정으로 행복한지 돌아볼 여유조차 없던 삶. 뉴욕에서의 기쁨이 클수록 현실에 허우적대는 한국으로 돌아가고 싶지 않아 미칠 것 같은 기분이었다.

이전처럼 생각 없이 살아지는 대로 살고 싶지 않았다. 나를 죽이고 감정을 숨기며 살아가는 게 얼마나 어리석고 불행한 삶인지 뉴욕에서 절절히 깨달았다. 한국에 돌아갈 날이 가까워지자 나를 기다릴 현실이 너무나 두려운 나머지 매일을 눈물로 지새며 보냈다.

그런 내 곁을 한결같은 모습으로 지킨 사람이 바로 고운이였다. 결혼하고 출산하고 바쁘게 사느라 가장 가까운 가족과도 나누지 못했던 든든한 나무뿌리 같은 사랑과 위로를 나보다 아홉 살이나 어린 고운이에게 받은 것이다.

아마도 내가 팀이 아니고 혼자였다면 디지털 노마드로서 살지 못했을지도 모른다. 주변 모두가 'No'를 외칠 때, 단 한 명 고운이가 'Yes'를 날려주지 않았다면 감히 한 달 살기는 꿈도 꾸지 못했을 것이다. 돌아보면 내가 하고 싶은 모든 일을 가능케 한 가장 큰 힘은 나의 의지보다 그 꿈에 함께하겠다는 고운이의 강한 신뢰와 믿음 아니었을까?

살다 보면 정의할 수 없는 관계들이 참 많다. 아홉 살 차이, 동료이자 대표와 직원의 관계, 그리고 언니 동생 사이. 피로 이어져 있지 않지만, 가족만큼 가까운 사이. 우리의 프로젝트는 뉴욕이어서 좋았고 모든 일정이 완벽했지만, 그 무엇보다 이 모든 순간을 공유할 사람이 있어서 더욱 찬란하게 빛났다. 한 달을 오롯이 같이 보내고, 평생 뉴욕을 함께 추억할 사람이 바로 내 옆에 있다는 사실이 나를 감동시키고 끝내 울리고 말았다.

어린아이 같은 순수함을 가진 나의 은 사장에게

황고운

뉴욕에서의 은 사장은 마치 어린아이 같았다. 무엇이든 호기심 가득한 얼굴로 바라보고, 사소한 일에도 감동하고 기뻐했다. 좋아하는 민소매 티를 마음껏 입고, 아침마다 예쁘게 화장하고, 먹고 싶은 것도 마음껏 먹었다. 그녀는 피곤에 지쳐 누워 있는 나를 두고 혼자 브루클린을 누볐고, 평생의 로망이었던 〈섹스 앤 더 시티〉의 주인공 캐리를 만난 날은 누구의 눈치도 보지 않고 방방 뛰었다.

한국으로 돌아오기 며칠 전, 코니아일랜드에 가던 길이었다. 그녀는 버스에 앉아 창밖을 보며 나 몰래 눈물을 훔쳤다. 한국에 돌아갈 날이 얼마 남지 않았다는 현실에 슬픔에 잠긴 것이다. 그녀는 마음이 너무 불안하다며, 나에게 손을 잡아달라고 했다. 그렇게 그날 하루에만 다섯 번도 넘게 눈물을 흘렸다.

내 인생에서 은 사장은 아주 큰 사람이었다. 스무 살, 은 사장과 만난 지 2주도 안 되었을 때 청첩장을 받았다. 아무것도 모르던 그 시절 언니의 결혼식에 참석해 직장동료로 한구석에서 사진도 함께 찍었다. 내 기억 속 그녀의 첫인상이다.

그녀는 결혼 후 임신을 하고도 우리 팀의 리더로서 열정적으로 일했다. 매일같이 미팅을 나가고, 천 명이 참석하는 행사를 기획하고 성공적으로 마무리했다. 아기를 낳고 몇 주 뒤에도 바로 미팅에 참석했다. 나는 가끔 바쁜 언니를 대신해 딸 태은이를 봐주기도 했는데, 언니가 늦으면 아기랑 같이 잠들어버리는 날도 있었다. 언니는 늘 바빴고, 결정할 일이 많았다. 당시 나에게 언니는 동경의 대상이자 능력 있는 커리어우먼이었다.

우리가 함께 일한 지 3년쯤 지났을 때, 그녀는 나에게 회사 대표의 자리를 내려놓고 싶다고 말했다. 세계 여행을 떠나고 싶어 행사를 기획했지만, 정작 몇 년째 일에 허덕이며 여행을 떠나지 못하는 현실이 슬펐던 모양이다. 나는 은 사장이 그녀의 인생을 살길 바랐다. 이후 우리는 제주도, 뉴욕, 태국 등 많은 곳을 함께 여행했다. 늘 바쁘고 치열한 듯 보였지만, 은 사장은 누구보다 자유로운 영혼이었다. 어쩌면 내 또래들보다 에너지가 넘쳐났다. 그런 사람이 매일 밤 아기를 재우고 새벽마다 카페에서 일했던 것이다. 그녀가 뉴욕에서 행복을 누리고 눈물을 흘리자 내 마음도 같이 아팠다.

나는 대안학교를 졸업하고 경험을 쌓기 위해 자유롭게 여행을 다녔고, 내 안의 감정도 잘 살피며 자라왔다. 반면 언니는 나와 달리 교육열이 높은 강남에서 성장했다. 나이 차도 많이 나고 극과 극의 환경에서 성장한 우리 둘. 그런데 아이러니하게도 이런 나를 누구보다 잘 이해해준 사람은 은 사장이었다. 8년이 넘는 시간 동안 때론 부모님보다, 같은 학교를 졸업한 친구들보다 더 나를 잘 이해해주고 귀하게 여겨주었다. 나는 그런 언니가 마음 아파하는 모습이 속상했다. 이 순간이 너무 행복해서 어쩔 줄 모르는 그녀가 안쓰러웠다. 지금까지 언니가 영차영차 나를 끌고 여기까지 왔다면, 이제는 내가 언니의 손을 잡아줘야겠다고 생각했다.

웨스트빌리지의 한 재즈바에서 그녀에게 짧은 편지를 썼다. 귀여운 어린아이가 그네를 타고 있는 작은 엽서였다.

언니, 우리가 이제 한국으로 돌아갈 날이 5일밖에 남지 않았어요. 살면서 전혀 상상하지 못했던 낭만적이고 환상적인 날들을 보낼 수 있어서 참 행복했어요. 난 집순이라며 한국에 얼른 가고 싶다고 했지만, 사실 몇몇 순간은 내 인생에서 가장 아름다웠어요. 같이 덤보에서 노래를 들으면서 누워 있던 날, 해 질 녘 걷던 브루클린 브릿지와 아웃풋, 미친 듯이 와인을 마시고 새벽 6시에 일어나던 일상들까지….
어쩌면 내 인생의 정말 많은 것을 좌지우지하는 사람 중 한 명이 언니라는 생각이 들어요. 예전에는 내가 마냥 기대고 의지하는 존재였다면, 뉴욕을 경험하고 나서는 언니에게도 내가 버팀목이 되어줄 수 있지 않을까 해요. 어린아이와 같은 순수하고 자유로운 열정을 가진, 강하면서도 한없이 여리고, 아주 예민하면서도 쿨~한 우리 언니. 언니의 인생에서 가장 자유롭고 아름다운 순간을 함께할 수 있어서 참 즐거웠습니다. 언니 멋대로 살아요! 내가 옆에 있을게요.

우리 관계에도 여느 다른 관계처럼 수많은 권태기가 있었다. 누군가는 언제까지 은 사장을 의지하며 배우기만 할 건지, 독립해야 하지 않겠냐 생각할 수 있다. 그런데 나는 가능한 한 오래 은 사장에게 기댈 것이다. 그녀도 나를 의지하기 때문이다. 우리는 서로가 있기에 더욱 강해진다. 그녀는 나로 인해서 채워지고, 나는 그녀로 인해 채워졌다. 우리는 앞으로도 서로에게 부족한 부분을 그렇게 채워갈 것이다. 은 사장은 나에게 영웅이자 멘토, 오랜 친구이자 나보다 더 어린아이 같은 순수함을 가진 내 인생의 귀인이다.

뉴욕에 다녀온 지 3년 가까이 되어가는 지금까지도 그녀는 가끔 뉴욕에 가고 싶다는 문자를 보내 온다.

언니, 언젠가 우리가 또 함께 뉴욕을 가는 그날이 온다면
그때는 눈물 흘리지 말고 더, 더 많이 웃으며 뉴욕을 즐깁시다.

디지털 노마드 팀, 함께라는 매력

황고운

나이가 들수록, 경험이 많아질수록 나와 잘 맞는 귀한 사람을 만나는 건 어렵다. 또한 그런 사람을 오랜 시간 옆에 두는 건 더더욱 어렵다. 연인이든 친구든 함께 일하는 동료든 마찬가지다. 어릴 적 멋모르고 우정을 쌓은 친구들과도 점점 멀어지는 판국에, 새로운 누군가를 옆에 둔다는 건 더 망설여지는 일이니 말이다.

무엇이든 혼자서 멋지게 헤쳐가는 사람들을 보면 멋있고 존경스럽다. 본인은 외롭겠지만 나는 감히 상상하지 못한 성취감을 느끼지 않을까 생각한다. 하지만 나는 예전에도, 앞으로도 혼자서는 일할 생각이 없다. 혼자가 아닌 팀이어서 가능한 일이 있기 때문이다. 디지털 노마드로 생활하면서 함께 떠날 사람이 있다는 것은 더할 나위 없이 복 받은 일이다. 그래서 지금부터 '함께'의 매력을 알려주려고 한다.

첫째, 무너지지 않도록 돕는 버팀목이 된다.

누구에게나 일이고 뭐고 다 때려치고 아무것도 하고 싶지 않은 순간들이 찾아온다. 우리에게도 그런 순간이 시도 때도 없이 찾아왔다. 은 사장이 대표직을 내려놓던 때, 내가 제주도 한 달 살기를 다녀와 일상이 흔들렸을 때, 세 달 동안 밤낮없이 바쁘게 일하고 번아웃이 찾아왔던 때. 우리는 그런 모든 순간을 함께 지나쳐왔다. 가끔은 둘에게 번아웃이 동시에 찾아오기도 했지만, 다행히 무너지지는 않았다. 그렇게 멘탈이 약한 우리가 이렇게 오랜 시간 함께할 수 있었던 이유는 분명히 있다.

누군가 지쳐서 아주 오랫동안 쉬더라도 다시 일어날 수 있도록 다른 한 명은 꿋꿋하고 묵묵하게 기다려주는 것이다. 이건 서로에 대한 믿음일 수도, 흔들릴지언정 부러지지는 않는 유연함일 수도 있다. 우리는 서로의 버팀목이 되어주기 때문에 서로가 필요하다.

둘째, 우리는 각자 너무 다르다.

우리처럼 팀플을 꿈꾼다면 자신과 다른 유형의 사람을 찾길 추천한다. 물론 꼭 닮아야 하는 가장 중요한 기준 몇 가지는 있다. 가볍게는 입맛부터 성실함, 지향하는 가치, 목표 같은 것들 말이다. 우리는 그 것만 빼면 정말 다르다. 나이, 성격, 자라온 환경, 말투, 좋아하는 옷 취향, 심지어 여행을 계획하는 스타일도 다르다. 기상 시간, 잠드는 시간, 집중할 수 있는 장소, 글 쓰는 스타일까지.

그래서 우리는 서로가 함께할 때 더 큰 시너지를 일으킬 수 있었다. 각자 해야 할 일이 겹치지 않으니 경쟁하기보다 동행하게 된다. 이렇게나 다르면 부딪히지 않냐고? 해결 방법은 간단하다. 서로의 다름을 받아들이면 된다. 나는 가끔 은 사장이 너무 많이 일을 벌이면 지쳐서 툴툴대지만, 아주 천천히 그 일들을 해결해나간다. 은 사장은 정오까지 꿈나라에 있는 나에게 게으르다 윽박지르지 않고, 웬만해서는 오전에 전화를 걸지 않는다. 우리는 둘의 차이를 현명한 방법으로, 있는 그대로 받아들이며 물들었다.

셋째, 권태기가 올 때는 거리를 두자.

권태기는 연인 사이에만 존재하는 게 아니다. 오랜 친구나 동료 사이에도 어김없이 찾아온다. 서로에 대해 너무 잘 알면 어느 순간 지겹다는 생각이 들기 마련이다. 열정의 속도가 다르거나 답답함을 견디기 힘든 순간들 말이다. 어떤 강의에서는 권태기를 현명하게 극복하는 방법은 호들갑 떨지 않는 것이라고 했다. 우리는 우리도 모르는 사이에 권태기들을 흘려보냈다.

가장 좋은 방법은 거리를 두는 것이다. 평소보다 연락은 줄이고, 만나서 일하는 대신 각자 일에 집중한다. 그러다 보면 오랜만에 만나도 하루 종일 할 말이 끊이지 않는다. 그렇게 가까웠다 멀어졌다 각자 거리를 조절할 수 있을 때, 함께하는 팀워크는 더욱 건강하게 끈끈해진다.

이렇듯 함께 디지털 노마드를 하는 팀은 단순한 친구 사이보다 더 복잡하다. 함께 일도 여행도 해야 하기 때문이다. 그러다 보니 서로가 서로에게 꼭 필요한 존재가 되어야 한다. 혼자일 때보다 함께일 때 더욱 가치 있는 관계가 되기 위해서 말이다.

평소 나는 가족도 친구도 연인도 은 사장도, 아무도 나를 구속하지 않는 혼자만의 시간을 너무나도 좋아한다. 하지만 그 시간으로 나를 가득 채우지는 않는다. 혼자가 편하다고 해서 늘 혼자만 있다면 행복을 느낄 수 없을 테니. 그래서 가족, 우정, 사랑이 필요한 것이다. 마찬가지로 내 삶에서 가장 큰 부분을 차지하는 일에서도 누구와 함께 하느냐가 정말 중요하다. 함께 일하는 사람 덕분에 인생이 송두리째 바뀔 때도 있으니 말이다. 팀은 그래서 더 매력적이다.

SPRINKLERS
THROUGHOUT
BUILDING
SIAMESE
CONNECTION
FOR FIRE DEPT

뉴욕에 다시 올 그날을 생각하면 나는 벌써 설렙니다

황고운

나는 이상하게 여행을 시작하는 날보다 여행이 끝나고 한국으로 돌아가는 비행기를 탈 때가 더 설렌다. 떠나고 나면 등 따시게 누울 수 있는, 돌아갈 집이 있다는 게 더욱 소중하다. 나 같은 집순이라면 더더욱. 한국에 있을 때는 일도 집에서 하고, 밥도 집에서 먹고, 약속이 있는 날이면 하루 전부터 마음이 불편했다. 그런데 신기하게도 열네 살 때부터 한 해도 빠지지 않고, 1년에 한두 번 정도는 꼭 여행을 떠났다. 사람이 이렇게나 모순적일 수 있나 싶다.

열아홉 살, 광화문 교보문고에서 쭈그리고 앉아 엘렌 코트의 시 〈초보자에게 주는 조언〉을 읽었다. 완벽주의자가 아닌 경험주의자가 되라는 그 시가 내 마음에 와닿았다.

그 시절 나는 매일 일기를 썼는데, 그 일기장 맨 뒤 페이지에 이 시를 옮겨 적었다. 그렇게 매일 이 시를 읽다 보니, 8년이 지난 지금은 꽤 경험주의자가 된 것 같다. '내 인생에 한 달쯤은 뉴욕에 있어도 좋겠다'며 불쑥 떠나버리질 않나, 별의별 걸 다 시도해보는 은 사장 옆에 콕 붙어서 8년이 넘도록 계속 도전하며 살지를 않나. 우리만큼 경험을 좋아하는 사람은 또 없을 것이다. 지나고 보면 '완벽'하려고 노력하던 그 모든 순간들이 나를 지치게 만들었다. 반면 '그냥 한번 해볼까?' 하고 우연히 시작한 일에서 인생의 배움을 얻기도 했다.

떠나기 전에는 한 달이 굉장히 길 것만 같았다. 여행이 아니라 사는 느낌을 받을지도 모른다고 기대했다. 하지만 한 달로는 턱없이 부족했다. 날이 갈수록 가고 싶은 골목이 많아졌고, 구글 지도 없이 지하철을 탈 정도로 익숙해지려면 시간이 더 필요했다. 게다가 여행과 일상은 완벽히 달랐다. 이곳에 사는 사람들과 대화하며 간접 경험해보니 뉴욕 또한 내 일상이 되면 그리 좋기만 할 것 같진 않았다. 그런 의미에서 그때의 한 달은 환상 가득한 '여행'이지 않았을까?

STATUE OF LIBERTY

나는 봤던 영화를 두 번이고 세 번이고 다시 보는 걸 좋아한다. 좋아하는 음악은 몇 백 번이라도 듣고, 책은 한쪽 귀퉁이를 접어두고는 읽고 또 읽는다. 늘 잊어버렸다 싶으면 다시 그리워하며 찾는다. 그러면 이상하게 예전에 느꼈던 그 감정이 떠오르고, 또 그 시절의 향기가 풍기고, 예전과는 다른 것들을 느끼고 깨닫는 내 모습을 발견한다. 경험이 풍부해지면 시선의 높이가 달라질 테니까. 내가 여태껏 다녀온 사랑하는 장소들에도 꼭 다시 찾아갈 것이다.

그래서인지 약간의, 아니 사실은 엄청난 아쉬움을 두고 떠나는 이날이 영 싫지만은 않다. 언젠가 또다시 뉴욕으로 떠나올 미래의 내가 벌써부터 설레고 애틋하다. 윌리엄스버그나 웨스트빌리지에 숙소를 잡고 매일 거리를 산책하겠지. 좋아하는 LP 가게와 작은 소품숍을 구경하고, 스테이크와 와인을 먹고, 해 질 녘에는 워싱턴 스퀘어 파크나 허드슨강에 가만히 앉아서 노을을 봐야지. 아! 브루클린 브릿지를 걷는 것도 좋을 것이다. 어두워지면 동네 재즈바에서 음악을 들으며 하루를 마무리해야지. 그렇게 완벽한 하루를 보내고 나면, 또 나에게 뉴욕은 어떻게 기억될까?

낭만이 가득한 이 도시에, 그 낭만을 곱게 접어두고 돌아오기로 했다. 여행하며 나는 정말 많이 웃었고, 또 아주 가끔 울었다. 내가 몰랐던 나의 모습을 발견하고, 눈부시게 소중한 추억을 만들고, 사랑하는 장소들을 쌓아가고, 함께 여행한 귀한 사람들을 선물받았다. 모든 순간이 늘 행복하고 좋기만 한 건 아니었지만, 그럼에도 그 모든 순간이 그리워질 것 같다. 여행을 끝마치고 돌아가는 지금, 내가 설레는 이유를 알 것만 같다. 나는 그저 한국에서의 날들 또한 여행 같기를 바란다. 매 순간이 그리울 만큼 아름다운 하루하루가 쌓여가는 삶이 내 앞에 펼쳐지면 좋겠다.

MEDALLION
FINANCIAL

ONE WAY

6장

new york

뉴욕
에서의
일상을
정리하며

신나게 놀았다면,
어마무시한 대가를 치러야 한다

황고운

한국에 돌아오니 이제 할 일이 태산이다. 그동안 벌여놓은 수많은 일을 수습해야 한다. 제주도 한 달 살기 후에는 뒷수습에만 세 달이 걸렸는데, 이번에는 얼마나 걸릴지…. 과연 이번 여행은 더 빠른 시간 안에 잘 마무리할 수 있을까? 결론적으로 출판 원고를 지금까지도 작성하고 있으니, 3년이 가깝도록 뉴욕의 뒷수습은 끝나지 않은 셈이다.

우리는 한국에 도착하고 일주일 동안 휴식한 뒤 곧바로 업무를 시작했다.

1. 후원받은 회사에 전달해야 하는 공간 콘텐츠 총 30개

2. 한 달 동안 찍은 사진 분류하고 정리하기

3. 인터뷰 영상 두 개 편집하기

4. 블로그와 카카오 등에 콘텐츠 업로드하기

5. 출판사에 원고 전달하기

우선 공간 콘텐츠를 작성해야 했다. 열 개의 코워킹 스페이스와 여덟 개의 레스토랑 & 카페, 일곱 군데의 그 외 장소들과 다섯 번의 인터뷰까지. 각자 인상 깊었던 공간들을 맡아 글을 썼다. 첫 일주일간은 도무지 어떤 내용을 적어야 할지 몰라 시행착오를 겪었다. 그러다가 콘텐츠의 목적을 고민해보니 글이 수월하게 써지기 시작했다. 모두를 위한 블로그 형식의 글이 아니라 뉴욕을 다녀오지 않은 대표님이 공간을 이해할 수 있는 글을 쓰면 되는 것이다. 우리는 여행자이자 디지털 노마드이자 마케터로서 그 공간을 경험한 그대로 표현했다.

글을 다 쓰는 데는 약 두 달이 걸렸다. 그 시간 동안에는 매일 추억에 묻혀 사는 기분이었다. 뉴욕에서의 사진을 다시 꺼내 보고, 여행하며 써둔 메모와 일기, 기억에 의지해서 글을 써 내려갔다. 좋은 추억들을 떠올리고, 글로 남겨두는 건 꽤 좋은 작업이었다. 돌아온 지 한두 달도 되지 않았는데 기억이 벌써 휘발되기 시작했다. 시간이 아주 많이 흐른 후에도 그 공간을 기억할 수 있도록, 한 문장 한 문장 정성 들여 글을 썼다.

글 작업을 마친 후에는 사진을 정리했다. 뉴욕에서 찍어온 사진이 5000장도 넘었다. 그나마 여행하면서 매일 사진을 분류하고 정리해둬서 다행이었다. 제주도 한 달 살기 때는 외장하드가 고장나는 바람에 1000장이 넘는 사진을 날렸다. 그때의 경험을 교훈 삼아 이번에는 철저하게 데이터를 관리했다. 장소별, 촬영 기구별로 구분해서 정리한 덕분에 각 장소에 맞는 사진을 고르는 일은 꽤 수월했다. 물론 여전히 베스트 컷을 가려내는 건 꽤 귀찮은 작업이었지만 말이다. 그래도 매일 밤 일정을 마치고 졸린 눈을 비벼가며 사진을 업로드했던 그 시절의 나에게 칭찬을 돌리고 싶다.

이렇게 콘텐츠와 사진을 전달한 후에는 인터뷰 영상을 편집했다. 처음 도전해보는 일이어서 걱정이 앞섰다. 여행 전 영상 편집을 배울 때부터 이미 꽤 고통스러웠다. 한 시간이 넘는 인터뷰를 수없이 돌려보며 스토리 라인을 짰고, 두세 개의 화면 컷을 자연스럽게 이어 붙이는 데에만 일주일 넘게 걸렸다. 매일 새벽까지 영상을 돌려 보다보니, 산 지 6개월도 안 된 맥북이 푹푹 꺼지는 날도 있었다. 그럴 때마다 심장이 쾅 떨어지는 기분이었다. 영상 두 개를 만드는 데 한 달의 시간이 걸렸다. 그 완성품은 내 평생의 포트폴리오가 되지 않을까 싶다. 영혼까지 갈아 넣었으니 그럴 만하다.

콘텐츠 작성을 완료하자 어느덧 한여름이 지나고 10월이 되었다. 귀국하고 벌써 4개월이 지난 것이다. 이렇게 완성된 콘텐츠를 채널에 하나씩 업로드하기 시작했다. 가장 기억에 남는 건 유튜브에 올린 영상이 조회수 12만을 넘긴 것이다. 별것 아니라고 생각할 수도 있지만, 영상을 단 두 개만 올린 것치고는 엄청난 성과였다. 그렇지만 나도 하루에 몇 번씩 영상을 돌려봤으므로 조회수 100 정도는 내가 채웠을 것이다. 한 달 동안 질리도록 편집한 것에 대한 보답을 받는 느낌이라 너무 행복했다. 콘텐츠를 만드는 우리에게는 조회수만 한 선물이 없으니 말이다.

그렇게 후원받은 대표님께 전달해야 하는 업무를 마무리하고 우리는 뉴욕과 거리를 두고 살았다. 그래서 길고 긴 시간을 기다려준 출판사 편집자님께 너무 죄송하고 감사하다. 다시 힘을 내서 책을 마무리하자는 말에 몇 달 만에 꺼내본 뉴욕은 여전히 향기로웠다. 우리는 잊히고 있는 기억을 하나하나 되살려 다시 기록으로 남겨보기로 했다. 그리고 이 책이 마무리되는 그날이면, 길고 길었던 뉴욕 한 달 살기 프로젝트가 끝나겠지.

프로젝트를 끝낼 때마다 마음속으로 다시는 이렇게 일을 크게 벌이지 않겠다고, 힘들고 어려운 시도는 하지 않겠고 생각한다. 하지만 금붕어도 아니고, 우리는 또 갈 길이 멀기만 한 새로운 프로젝트를 고민한다. 그 끝에 뭐가 있는지 모르겠지만, 조금 더 많은 경험으로 나의 청춘을 채워야지. 분명한 건 뉴욕을 떠나기 전과 후 한 뼘 정도 자라난 내가 마음에 든다는 점이다.

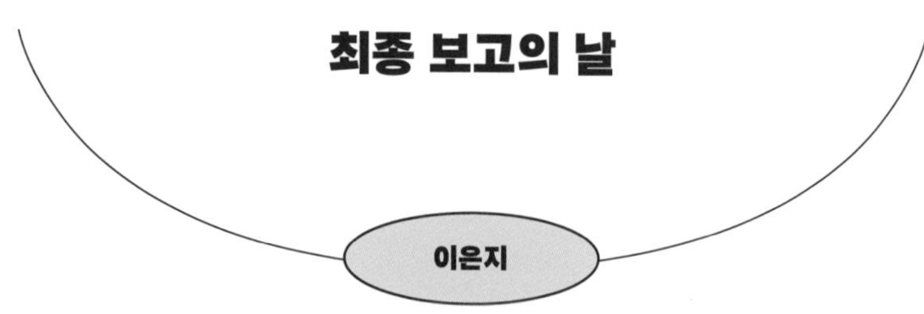

최종 보고의 날

이은지

이날은 나에게 무척이나 중요한 날이었다. 뉴욕 한 달 살기 최종 피티가 있는 날이었기 때문이다.

어떻게 프로젝트를 준비했고, 이 과정에서 내가 무엇을 보고 배웠는지, 그 모든 것을 꾹꾹 눌러 담은 〈뉴욕 한 달 살기 최종 보고서〉를 작성하며 천만 원의 가치란 무엇일까, 어떤 내용을 전달해야 그에 상응할까를 계속해서 고민했다. 그리고 합당한 결과물을 만들기 위해 다음의 기준들을 세워보았다.

1. 콘텐츠 제작자가 어떤 시선으로 뉴욕의 공간들을 살폈는지 인사이트를 담을 것

2. 여행이 아닌 일을 병행하는 비즈니스 트립이 어떤 의미가 있는지 정의할 것

3. 우리의 뉴욕 한 달 살기가 우리 삶에 어떤 의미와 영향을 미쳤는지 담아볼 것

뉴욕살이는 일을 위해 떠난 여행이었지만 동시에 내 인생 프로젝트였고, 또 일보다는 여행에 방점이 찍혀 있었다. 그래서 PT를 준비하며 혹여나 놓쳤을지도 모를 것들을 다시 한번 돌아보고 여행에 의미를 부여할 수 있었다. 또 그 일이 우리를 어떻게 성장시켰는지, 앞으로 어떻게 콘텐츠와 마케팅에 활용할지 등 모든 것을 대표님과 공유해야겠다고 마음먹었다.

그렇게 많은 것을 고민하고 눌러 담기 시작한 지 정확히 석 달째 되는 날 〈최종 보고서〉를 손에 들고 와이티파트너스의 정수민 대표님 사무실에 방문해 지금까지의 긴 여정을 약 한 시간에 걸쳐 들려드리게 되었다.

- **미국에서 공간사업의 의미와 전략**
- **공간을 관리하는 커뮤니티 매니저의 역할**
- **브랜딩이 잘된 공간들의 특수성과 차별성**
- **거대자본이 목표를 구체적으로 실현한 실체에 대한 분석**
- **코워킹 스페이스 사업군 성장을 위한 밑거름 요소**
- **공간 사업자가 가져야 할 비전과 목표, 전략 등**

전반부에는 위와 같은 공간 비즈니스에 대한 인사이트를 정리하고, 후반에는 뉴욕 한 달 살기 후 공개한 콘텐츠들의 반응과 결과를 마케터의 시선으로 분석한 것을 공유했다.

- **공간을 다룬 콘텐츠가 외면받는 이유**
- **사람들의 관심을 받는 스토리와 공간의 요소**
- **공간이 가진 의미를 전달하고자 하는 방식 등**

이 모든 경험을 바탕으로 앞으로 어떤 전략과 목적으로 대표님의 프로젝트를 진행하면 좋을지 나의 개인적인 소감을 넣어 발표를 마쳤다. 뉴욕에서의 한 달은 피피티 60장에 모두 담기 어려웠고, 굳이 모든 것을 공유할 필요도 없었다. 단, 내가 대표님의 돈으로 다녀온 만큼, 그간 보고 들은 것을 대표님도 그대로 느낄 수 있도록 중요한 것을 콕콕 집어서 귀에 쏙쏙 박히도록 메시지를 정리하는 것이 내 최종 목표였다.

보고회를 하는 한 시간이 끝나지 않을 것처럼 길었고, 긴장 때문인지 어깨가 뻐근했다. 그렇지만 나의 경험을 정리해 곱씹고 문장으로 풀어내 목소리로 표현한 그 시간은 콘텐츠 제작자로서 한 뼘 더 성장한 시간이었다. 긴 발표가 끝나자 대표님은 궁금했던 사항을 이것저것 물어보고, 마지막으로 이런 말씀을 하셨다.

"얼마 전 대기업에서 진행한 트렌드 발표회에 다녀왔어요. 그곳에서 은지 님의 피티와 똑같은 이야기를 듣고 왔는데 이렇게 들으니 훨씬 더 와닿고, 은지 님이 짧은 시간에 많은 것을 보고 흡수했다는 사실에 너무 놀랐어요. 내가 직접 보고 온 것처럼 생생하고, 또 어떻게든 써먹어야겠다는 생각이 들어요."

대표님의 말씀을 들은 후 나는 비로소 알게 되었다. 내가 담아온 경험이 그대로 묻히지 않고 이렇게 언어화되어 드디어 세상 밖으로 나왔다는 것을, 그리고 한 달간의 짧은 여정 속에 내가 몰랐던 무언가를 발견했음을. 최종 보고회를 준비하면서 그 시간을 되돌아보며 나 스스로 얼마나 더 성장할 수 있는 사람인지 역량을 파악하는 데 큰 도움이 되었음을.

아쉬운 점은 최종 보고회가 끝나고 우리의 콘텐츠들이 책으로 세상 밖에 나오기까지 너무 오랜 시간이 걸렸다는 것이다. 그 사이 유튜브나 기타 채널에서도 연재하지 않았기에 우리의 이야기는 대중에게 제대로 전달될 수 없었다. 하지만 지금까지 우리의 경험이 묻힌 가장 큰 이유는 채널이 없어서도, 시간이 없어서도 아니었다. 바로 다음의 이유 때문이었다.

나답게 산다는 것에 대한 진짜 의미

이은지

이 책이 나오기까지 무려 3년가량의 시간이 걸렸다. 실제 뉴욕에 살았던 기간은 고작 한 달인데 나머지 3년을 책을 쓰며 보내다니, 하지만 그럴 수밖에 없는 이유가 있었다. 이제야 고백하건대 나는 뉴욕 한 달 살기 이후 본격 삼십 대의 사춘기를 맞이했다.

뉴욕에 가기 전의 나와 다녀와서의 나는 너무도 '다른' 사람이 되어버렸다. 가기 전의 이은지는 성공에 대한 끝없는 욕망으로 인생을 불태우며, 관심을 받고자 자극적인 콘텐츠를 쏟아내기도 하는 관심종자에 불과했다. 내 인생의 목표는 안 되는 일은 되게 만드는 것이었다. 나는 뭔가를 해내고 남들에게 인정받아야만 나 자신을 존중할 수 있었다. 실패한 사람들이나 중간에 멈춘 사람들은 나에게 낙오자이자 패배자에 불과했다.

하지만 뉴욕에서의 삶은 나에게 많은 생각을 일깨워주었다. 사람들 모두 세상이 아닌 자신을 기준으로 살아가는 삶의 방식이 있었고, 이것을 내 눈으로 담을 수 있었다. 지금껏 살아온 내 삶이 송두리째 흔들렸다. 작은 균열은 점점 커졌고, 성공만이 가치 있는 인생이라고 믿었던 내 삶의 기준 또한 마침내 깨져버렸다.

마치 해방된 노예처럼 무지막지한 자유를 품에 안을 수 있었지만, 동시에 지금까지의 인생을 부정당한 순간이었다. 이것은 나에게 엄청난 괴리를 안겨줬고 나는 감당할 수 없는 문제와 휘몰아치는 생각들 때문에 심리 상담까지 받게 됐다. 그리고 그토록 두려워하던 진짜 '인생 질문'과 만나게 되었다.

'어떻게 살 것인가?'
'진정한 나의 행복은 어디에 있는가?'

이 본질적인 질문의 답을 찾아가는 동안 나는 보이지 않는 적과 싸우는 기분이었다. 심리 상담에 큰돈을 쏟아부은 지금도 여전히 정답은 찾지 못했지만, 하나의 실마리는 얻을 수 있었다. 바로 내 안의 욕망에 충실해야 한다는 것. 세상 사람들이 옳다고 믿는 길을 걷는 게 아니라 마음 깊은 곳에서 들려오는 목소리를 따르는 것. 내가 언제 행복하고 어떤 때에 가장 나답고 어느 순간 나 자신을 사랑하는지 존재의 의미를 찾아가는 것이다.

뉴욕 여행은 '나답게'의 첫 시작을 열어주었다. 나는 끝없는 영감이 파도치는 도시, 뉴욕에 기필코 가겠다는 내 꿈을 무시하지 않았다. 뉴욕에 다녀온 후 수많은 밤을 눈물로 지새웠지만 욕망을 충실하게 따랐을 때 그것이 주는 기쁨이 얼마나 큰지도 알게 되었다. 나답게 살겠다는 목표는 더욱 단단해졌다.

나는 언제든지 또 떠날 것이다. 나만이 만들 수 있는 콘텐츠를 만들어낼 것이며, 나답지 않은 선택으로 고통받는 일은 되풀이하지 않을 것이다. 투박하고 날것처럼 느껴지더라도 온전히 나이기를 소망하며, 나다운 모습을 찾아가는 데 아낌없이 시간을 쏟을 것이다.

나는 경제적 자유를 이루고 싶었고, 건물주가 되어 돈 걱정 없이 살고 싶었다. 스티브 잡스나 마크 저커버그처럼 창의적이고 혁신적인 리더가 되고 싶었다. 하지만 이 글을 쓰는 지금의 나는 세상이 강요한 가짜 꿈과 작별하고자 한다.

NOVOTEL
FROZEN
THE PHANTOM OF THE OPERA

스스로를 빛나게 만드는 취향이 생긴다는 것

황고운

뉴욕에서의 한 달이라는 짧은 여행이 나에게 남긴 것을 고민하곤 한다. 서울에 처음 올라왔던 나는 정말 아무것도 모르는 어린아이였다. 지금도 성숙한 어른은 아니지만, 그때는 일의 능력 면에서도 마음도 많은 것이 서툴렀다. 업무의 기본인 피피티나 엑셀을 다룰 줄도 몰랐다. 회의할 때면 머리가 멍해져 아무 의견도 내지 못한 채 열심히 받아쓰기만 했다. 혼자 할 수 있는 일이 없다 보니 1년 내내 자료조사만 하기도 했다.

서울살이는 어땠나. 혼자 식당에서 밥도 못 먹었고, 사람이 북적이는 지하철을 탈 때면 머리가 어지러웠다. 낯을 많이 가려서 동료들과 쉽게 친해질 수도 없었다.

내가 생각해도 나는 참 작고 여렸다. 그래서 더 악착같이 이를 악물고 살아왔다. 아침부터 저녁까지 매일 카페에서 알바를 하고, 늦은 밤에는 회사에서 회의를 했다. 그리고 집에 가서 일을 마무리하고 잠드는 게 일상이었다. 그렇게 2년이 지날 즈음부터 은 사장은 나에게 조금씩 더 큰 업무를 맡기기 시작했다.

그렇게 8년 동안 달팽이처럼 아주 천천히, 한 걸음씩 앞으로 나아갔다. 피피티로 카드뉴스를 만들고, 제안서를 만들고, 영상편집을 하고, 인터뷰 글을 쓰고, 또 책을 쓰기까지. 나름대로 시간과 분을 쪼개며 바쁘게 살아왔다.

내 또래 친구들은 대학교 엠티를 가고, 방학 때는 한없이 놀며 이 나이 때 즐길 수 있는 것들을 누리고 있었다. 물론 그런 친구들이 마냥 부러운 적도 있었다. 하지만 또래 친구를 마음껏 사귀고, 월세와 생활비 걱정 없는 현실은 내 것이 아니었다. 그렇다고 하늘 볼 여유조차 없지는 않았지만, 내 마음은 늘 생활에 쫓겼다. 시골에서 자란 나는 조금 더 여유 있는 서울 생활을 동경했고, 행복의 순간이 찾아오길 진심으로 바랐다.

뉴욕 한 달 살기를 떠나게 된 건 서울살이 5년 차 즈음. 가장 여유 없이 찌들어 있을 때였다. 떠나기 며칠 전 우연히 본 한 강연에서 내가 좋아하는 것을 적어보라는 이야기를 들었다. 메모장을 열어 하나씩 적어보았지만, 다섯 개를 적고 난 후에는 도무지 생각이 나지 않았다. 내가 나에 대해 이렇게 잘 몰랐나 싶었다. 그런데 뉴욕을 여행하며 메모장을 열어보는 횟수가 잦아졌다. 그렇게 취향 리스트가 하나씩 늘어날 때마다 '황고운'이 더욱 선명해졌다.

황고운이 좋아하는 취향 리스트

늦잠 자고 일어나는 순간, 비 냄새를 맡을 때, 혼자 있는 시간, 초콜릿, 인디음악, 인테리어, 노란색, 산책하기, 글쓰기, 맥주, 여행, 사진 찍기, 노을 보기, 가족과 보내는 시간, 지하철보다는 버스 타기, 신앙, 예쁜 카페 투어, 독특한 액세서리, 아끼는 책 필사하기, 나를 아끼는 따뜻한 사람들, 뉴욕의 해 지는 워싱턴 스퀘어 파크, 재즈바에서 듣는 음악 등.

뉴욕에서 돌아온 후, 리스트는 더욱 풍성해졌다. 내가 좋아하는 것들이 분명해졌고, 그것들로 하나씩 내 삶을 채워나갔다. 매일 해 질 무렵이면 옷도 갈아입지 않은 채 서둘러 집 밖으로 뛰쳐나갔다. 내가 좋아하는 노을은 매일 매 순간 색이 달라지니, 하루도 놓치고 싶지 않았다. 또 내가 좋아하는 색깔이 무엇인지도 분명히 알게 되었다. 나만의 소소한 일기를 쓰는 블로그도 만들었다. 그렇게 3년이 더 지난 지금의 나는 분명 달라졌다. 이 복잡한 도시 서울에서 악착같이 살아보겠다며 이 악물던 시절의 나와는 분명히 달랐다.

내 취향을 알아간다는 것. 또 마음에 여유가 생긴다는 것은 생각보다 인생에 더 큰 영향을 끼쳤다. 나는 주먹을 꽉 쥐고 힘을 주던 그 시절의 나보다 더 단단해졌다. 내가 사랑하고 행복해하는 순간을 알게 되었고, 또 그것들로 나를 채우다 보니 다른 빛이 없이도 스스로 더 빛나고 있었다. 뉴욕은 나를 빛나게 하는 방법을 알려준 곳이다. 이것만큼 귀한 배움도 없었다.

은 사장과 황PD가 스쳐간 장소들

places

EGG SHOP

달걀 마니아인 은 사장이 특히 좋아했던 브런치 카페. 우리가 간 윌리엄스버그 지점 이외에 소호 지점도 있다고 한다. 식사 시간대에는 테이블이 꽉 찰 정도로 인기가 많다. 이름처럼 달걀을 사용한 다양한 요리를 하는데, 그래서 그런지 남녀노소 누구나 가리지 않고 찾아온다. 달걀만큼 호불호가 없고, 어떤 요리에든 무난하게 잘 어우러지는 재료도 없기 때문이다. 어린아이와 함께 온 가족 손님부터, 젊은 여성과 노인분들까지 즐겁게 식사하는 모습을 볼 수 있다. 두 시간 내내 맛있는 음식과 친절한 서비스에 절로 행복해지는 식사를 경험했다. 브런치를 즐기거나 가볍게 칵테일을 한잔하기도 좋으니, 윌리엄스버그에 간다면 꼭 들러보길 추천한다.

THE ROGER HOTEL

뉴욕 맨해튼은 정말 복잡하고, 어딜 가든 사람들이 가득하다. 특히 맨해튼 한가운데 있는 코리아타운에서 조용한 카페를 찾기란 어려운 일이다. 그런데 더 로저 호텔에 위치한 이 카페는 유난히 여유 있고 조용해서 우리만의 아지트처럼 자주 찾아갔던 곳이다. 호텔의 2층에 있어서 투숙객이 아니라면 일부러 찾아오는 경우는 거의 없는 듯했다. 우리는 지인의 소개로 우연히 들렀다가 너무 분위기가 좋아서 그 이후로 자주 찾아갔다. 여행하다 보면 피곤하고 다리가 아플 때가 많은데, 그럴 때 여기에서 잠깐 쉬었다 가면 좋을 것이다.

BAKERI

인터뷰 촬영을 위해 갔던 브루클린에 있는 카페다. 개인적으로 뉴욕에서 내가 들렀던 곳 중 가장 고풍스러운 분위기의 공간이었다. 저녁보다는 햇살이 좋은 낮에 가는 것을 추천한다. 꽤 오래된 듯한 나무 문을 열고 들어가면, 영화 속 유럽의 아기자기한 벽난로 집에 들어온 기분이 든다. 브루클린을 너무너무 사랑하는 현지 유학생이 추천해준 곳이니 믿고 가도 된다.

RUDY'S

카르보나라가 너무 맛있었던 브런치 카페로, 소호에 있는 자그마한 매장이다. 뉴욕에 도착한 지 3일밖에 안 돼서 모든 게 신기했을 때 방문했다. 운 좋게 웨이팅 없이 들어갔는데, 너무 맛있었던 나머지 옷에 다 흘리고 먹을 정도였다. 그날 이후로 아끼던 하늘색 원피스는 입지 못하게 됐지만, 카페의 분위기며 옆에 앉은 커플까지 모두 생생히 기억날 정도로 즐거운 추억을 만들었다. 뉴욕의 젊은 사람들도 많이 찾아오는 맛집이다.

DEVOCION

브루클린에서 꽤 유명한 카페인데, 아쉽게도 자리가 없어서 슬쩍 훑어만 보고 나왔다. 천장 중앙을 뚫어서 만든 유리창으로 보이는 나무와 하늘이 환상적이다. 뉴욕을 대표하는 카페 '스텀프타운 커피 로스터즈(Stumptown Coffee Roasters)'만큼 커피 맛이 좋기로 소문난 이곳은 직접 로스팅한 커피를 내려준다고 하니 커피에 관심 있다면 꼭 가보길 권한다. 큰 창으로 들어오는 빛을 받으며 커피를 마시면 세상 모든 근심이 사라질 것 같다. 브루클린의 투박한 분위기와 잘 어울리니, 브루클린을 사랑하는 사람이라면 꼭 들러보자.

PALMA

웨스트빌리지에서 내가 가장 좋아하는 골목에 있는 레스토랑이다. 작은 문을 열고 들어가면 북적북적 사람들이 가득하다. 웨이팅이 긴 곳이라서 우리는 창가 좁은 자리에 겨우 앉았다. 곳곳에 꽃을 둔 생기 있는 인테리어가 인상적이었다. 안쪽으로 쭉 들어가면 나오는 야외 정원은 예약이 필수다. 마치 동화 속 정원에 온 것처럼 푸릇푸릇하고 로맨틱한 공간이다. 이곳을 지나면 프라이빗룸이 있다. 주로 브라이덜샤워나 생일파티, 쿠킹클래스를 진행하는 공간이라고 한다. 그리고 가장 기억에 남는 건 잘생긴 직원의 친절함이랄까? 밥을 먹는 동안은 내가 영화의 주인공이 된 것마냥 기분이 좋았고, 디저트와 계산서마저도 분위기와 어울리는 느낌으로 예뻤다.

WOLFGANG'S

뉴욕에 왔으면 스테이크 정도는 썰어줘야 하지 않겠는가? 우리가 고른 울프강은 정말 유명한 스테이크 맛집 중 하나로, 큰맘 먹고 고른 보람이 있을 만큼 만족스러웠다. 식당을 찾다 길을 잃는 바람에 기운이 쭉 빠진 상태로 식당에 들어갔는데, 고기를 한입 먹고 모든 기운이 완벽히 회복되었다. 스테이크를 먹고 싶다면 꼭 들러보길 추천한다.

RECORDS

뉴욕 하면 예술의 도시. CD를 구매하러 종종 레코드숍에 들렀다. 세 번 넘게 가다 보니 LP를 구매하러 오는 사람들도 꽤 많이 봤다. LP플레이어는 없지만, 커버 디자인만으로도 너무 예뻐서 사고 싶은 게 많았다. 숨은 명곡을 구하는 재미도 쏠쏠. 내가 방문한 이곳은 아쉽게도 폐업했지만, 근처에 레코드숍이 많으니 웨스트빌리지에 간다면 한번 들러 새로운 감성에 빠져 들어보길 추천한다.

SMORGASBURG

주말마다 열리는 스모가스버그 프리마켓에 다녀왔다. 토요일 오전 11시에서 오후 6시까지 윌리엄스버그의 공원에서 열리며, 여는 시간에 맞춰 가야 복잡하지 않게 즐길 수 있다. 우리가 갔던 날은 날씨가 화창했는데, 햇빛을 가려주는 그늘이 없어서 살짝 더웠다. 세계의 다양한 음식을 사서 공원에 돗자리를 깔고 먹는 사람도 많았다. 강 건너 맨해튼의 풍경을 즐길 수 있어서 주말이면 나들이하러 오기도 한다. 윌리엄스버그에 온다면, 이곳에서 맛있는 음식도 먹고 뉴욕의 주말을 만끽해보길 바란다. (지금은 코로나로 임시 휴업 중이다.)

CHELSEA MARKET & HIGH LINE

첼시마켓은 뉴욕에서 손꼽히는 명소로, 오래된 낡은 건물들 사이에 있는 대형 식품매장이다. 대부분 랍스터를 먹으러 오는데, 우리는 하이라인을 걷기 전 잠시 구경만 했다. 건물만 봐도 오랜 역사가 느껴져 매력적이었지만, 사람이 정말 많고 너무 복잡했다. 하이라인은 맨해튼의 공중정원 같은 곳으로, 이곳을 모티프로 우리나라의 서울로를 만들었다고 한다. 서울로와는 비교도 안 될 정도로 엄청나게 긴 정원이 잘 정돈되어 있다. 날씨가 좋을 때 바쁘게 돌아가는 맨해튼을 내려다보며 한가로이 정원을 걷는 느낌은 정말 색달랐다.

CONEY ISLAND

코니아일랜드에 가면 놀이동산에 꼭 들러야 한다. 해변에 있는 작은 놀이 동산으로 입장료는 무료이고 놀이기구를 탈 때 돈을 내면 된다. 우리는 햄버거를 하나 사 먹고, 바닷가에서 일광욕을 즐기는 외국인들을 구경했다. 놀이기구는 딱 하나만 탔다. 우리나라로 치면 월미도 정도의 느낌일까? 뉴욕 해변을 즐기고 싶거나 날씨 좋은 날 나들이를 가고 싶다면 가볼 만한다.

브루클린 AVALON

우리의 첫 번째 숙소. 브루클린 브릿지까지 걸어갈 수 있는 거리다. 브루클린에서 꽤 유명한 오피스텔로, 보안도 철저하고 시설도 깔끔해서 지내기에 너무 좋았다. 좋은 숙소에서 저렴하게 잘 지냈던 것 같다. 날씨가 좋으면 숙소 바로 앞 작은 공원처럼 꾸민 곳에 나와 햇볕을 쪼였다. 특히 큰 창으로 보이는 시티뷰가 마음에 들었다. 아침마다 해가 정면으로 들어와 괴롭기는 했지만.

롱아일랜드 44번가

우리의 두 번째 숙소였다. 은 사장의 친동생 은명 언니 남편의 집을 빌려서 지냈다. 롱아일랜드는 브루클린 북쪽에 있는 지역인데, 맨해튼이랑도 꽤 가까웠다. 뉴욕의 가정집이 더 많은 지역이라 그런지 동네 분위기가 더 한적하고 여유로웠다. 미국 영화에서만 보던 집 입구로 들어서면 집이 나온다. 첫 번째 숙소보다 더 편히 쉴 수 있는 공간이었다. 덕분에 매일 한식을 해서 먹었다.

감사의 글

우리의 꿈을 현실로 만들어준 와이티파트너스의 정수민 대표님, 한 달간의 여정을 허락해준 남편과 태은이, 미국에서 우리를 위해 많은 시간을 내준 은명이와 광현 씨, 큰 도움이 되어준 시어머니와 부모님, 마음껏 즐기고 오라며 응원해준 황PD의 가족들, 우리의 여정을 처음부터 끝까지 지켜봐준 지인들과 3년이 지났음에도 책을 출간할 수 있게 적극 도와준 출판사 관계자분들, 마지막으로 이 뜨겁고 열정 넘쳤던 여정 모두를 함께해준 내 삶의 든든한 파트너 황PD, 모두에게 감사의 인사를 전한다.

오늘부터 뉴욕으로 퇴근합니다
놀면서 일하는 디지털 노마드의 모든 것

1판 1쇄 인쇄 2021년 5월 20일
1판 1쇄 발행 2021년 5월 26일

지은이 이은지 · 황고운
펴낸이 고병욱

책임편집 유나경 **기획편집** 윤현주 장지연
마케팅 이일권 한동우 김윤성 김재욱 이애주 오정민
디자인 공희 진미나 백은주 **외서기획** 이슬
제작 김기창 **관리** 주동은 조재언 **총무** 문준기 노재경 송민진

펴낸곳 청림출판(주)
등록 제1989-000026호

본사 06048 서울시 강남구 도산대로 38길 11 청림출판(주) (논현동 63)
제2사옥 10881 경기도 파주시 회동길 173 청림아트스페이스 (문발동 518-6)
전화 02-546-4341 **팩스** 02-546-8053
홈페이지 www.chungrim.com **이메일** cr1@chungrim.com
블로그 blog.naver.com/chungrimpub **페이스북** www.facebook.com/chungrimpub

ISBN 978-89-352-1352-8 (03320)